Topos plus **Taschenbücher**
Band 312

Manfred Hanglberger

Signale des Unbewußten

Ängste verstehen und bewältigen

Topos^{plus} Taschenbücher

Topos plus **Verlagsgemeinschaft**

Die Mitglieder der Verlagsgruppe Engagement:
Butzon & Bercker -Kevelaer | Don Bosco -München | Echter -Würzburg
Lahn-Verlag -Limburg | Matthias-Grünewald-Verlag -Mainz
Paulusverlag -Freiburg Schweiz | Friedrich Pustet -Regensburg
Styria -Graz Wien Köln | Tyrolia -Innsbruck Wien

Die Deutsche Bibliothek – CIP-Einheitsaufnahme

Ein Titeldatensatz für diese Publikation ist bei
Der Deutschen Bibliothek erhältlich

http://home.t-online.de-home-hanglberger.m

3. Auflage 2005
© 1999 Verlag Friedrich Pustet, Regensburg
Kein Teil des Werkes darf in irgendeiner Form
(durch Fotografie, Mikrofilm oder ein anderes Verfahren)
ohne schriftliche Genehmigung des Verlages
reproduziert, vervielfältigt oder verbreitet werden.

Einband- und Reihengestaltung:
home.made designarbeit -Essen
Herstellung: Pustet, Regensburg
Printed in Germany

Topos^{plus} – Bestellnummer: 3-7867-8312-8

Inhaltsverzeichnis

Vorwort 9

I. TEIL: ANGST

Angst dient dem Leben 11
Ängste sind Warnsignale 11
Auch gut gemeintes Handeln kann Angst
erzeugen 13

**Die Ich-Entwicklung ist von Angst
begleitet** 14
Wir wollen nicht nur „da sein",
sondern auch bejaht werden 15
Unsere Seele will zur Welt kommen 16
Wir wollen in anderen Menschen wohnen
dürfen 17
Liebe schafft gegenseitige innere Vernetzung 18

Angst bedroht das Selbstwertgefühl 20
Die Angst, nicht verstanden und akzeptiert
zu werden 20
Raum- und Zeitdimensionen bedrohen
das Selbstwertgefühl 26
Die Anonymität der Masse bedroht
das Selbstwertgefühl 28
Vergänglichkeit und Tod bedrohen
das Selbstwertgefühl 30

**Gesundes und ungesundes
Selbstwertgefühl** 31

II. TEIL: UMGANGSFORMEN DES MENSCHEN MIT DER ANGST, NICHTS WERT ZU SEIN

Nivellierung 35
Alles „Eigene" gilt als gefährlich 36
Die kindliche Trotzphase:
Originalität oder Erbsünde? 37
Originalitätsunterdrückung und
Lebensabwertung 38
Sich schützen vor Abwertung 39

Rückzug 41
Der Horizont der Wahrnehmung prägt
die seelische Gesundheit 41
Glückserfahrung durch Ausblendung
von Leid? 42
Der Hunger nach Leben äußert sich im
Hunger nach Gefühlen 44
Der Rückzug führt in eine Scheinwelt 45
Sucht enthält einen Anteil unbewußter
Liebe 46
Liebe muß gewürdigt werden 47

Angstbekämpfung durch „weltliche Leistung" 50
Angstphantasien können sich
verselbständigen 51
Angst und Schuldgefühle 53
Leistung und Werte 55
Die Hierarchie der Werte ist entscheidend! . 57
Alte und neue Baalsgötter 59
Die Gotteserfahrung Israels 60
Die Werte-Frage heute 61
Die Spur der Angst hinter der Leistung 63

Angstbekämpfung durch „religiöse Leistung" 65
Gebote können die Zielsuche nicht ersetzen   68
Der Mensch will um seiner selbst willen geliebt werden 70
„Gerechtigkeit will ich, nicht Opfer" 72
Luthers Problem 75
Jesu neues Gottesbild: Der barmherzige Vater 77
Ist der Mensch barmherziger als Gott? 78
Die Spur der Angst hinter „religiöser Leistung" 79

III. TEIL: DIE GROßE ALTERNATIVE DER BOTSCHAFT JESU

Dunkle Gottesbilder 82

Gott entdecken 84

Sich erlösen lassen 86
„Ich bin gekommen, die Sünder zu rufen, nicht die Gerechten" 87
Jesus gegen Johannes den Täufer? 88
Selig, die sich vor Gott arm wissen 89
Heilen und retten, statt „brechen" und „auslöschen" 90
Jesu Opposition gegen die Einteilung in „Gute" und „Böse" 91
Jesus verabschiedet angst machende Denkmuster 93
Das Drama des Muttersohnes im Patriarchat   94
Der Kreuzestod Jesu in seiner erlösenden Wirkung 98
Erlösung aus einem angst machenden Autoritätsverständnis 100
Der alte und der neue Adam: Jesu symbolischer Neubeginn 101

Das Hauptmotiv für den Ungehorsam 102
Gott: Herrscher oder Vater? 103
Verantwortung statt Gehorsam 104
Erlösung von herrscherlichen Gottesbildern 105

**ZUSAMMENFASSUNG –
PRAKTISCHE RATSCHLÄGE** 108

ANHANG 112

**Überblick über die Umgangsformen
mit der „Angst, nichts wert zu sein"** 112

Spielregeln fairer Kritik 114

Die Eltern achten und loslassen 116

Therapeutisches Glaubensbekenntnis 119

Vorwort

In meiner Arbeit als Seelsorger in einer Pfarrgemeinde wie auch bei meinen Vorträgen bin ich oft mit der Angst von Menschen konfrontiert.
Die Angst hat viele Gesichter, aber auch viele verschlüsselte, indirekte Ausdrucksformen. Wenn man jahrelang Menschen begleitet und Hilfen anbietet, das Leben zu meistern und seelische Leiden zu lindern, ist es notwendig, sehr aufmerksam und kritisch hinzusehen, was in den Seelen der Menschen vor sich geht, welche fundamentalen Bedürfnisse und Frustrationen Ängste hervorbringen und welche Wege innerer Heilung und Befreiung möglich sind.

Es finden sich viele gesellschaftlich und kirchlich vorgegebene und auch individuell entwickelte Wege, mit Angst „fertig" zu werden. Dabei sind keineswegs alle diese Wege heilsam und der langfristigen Entwicklung der menschlichen Psyche bzw. dem Allgemeinwohl dienlich. Deshalb sind Ängste nicht nur zu bekämpfen und zu überwinden; vielmehr gilt es hinzuhorchen, ob sie nicht Signale des Unbewußten enthalten, die verstanden werden müssen, um mit menschlicher Angst so umzugehen, daß die wertvolle Energie und Wegweisung, die sie enthält, nicht verloren geht, sondern der Gesundheit und Lebendigkeit der Seele dient. Es sind aber auch Praktiken des Mißbrauchs der Angst, der „Angstmacherei" zum Zwecke der Entmündigung und Beherrschung des Menschen, aufzudecken und zu verabschieden.

Dieses Buch ist das Ergebnis jahrelanger Beschäftigung mit Grundfragen seelischen Wachstums, seelischer Reifung und seelischer Heilung, sowohl aus familientherapeutischer wie auch aus spiritueller Sicht.

Wertvolle Anregungen für meine Arbeit bekam ich von meinem Bruder Hans Hanglberger und von meinem Freund Lorenz Zellner, die beide als Familientherapeuten arbeiten. Ihnen möchte ich meinen herzlichen Dank aussprechen; ebenso danke ich herzlich meiner Haushälterin Doris Bäuml, die alle Schreibarbeiten für dieses Buch erledigte und mit ihrer Ausdauer und Geduld wesentlich zur Veröffentlichung beigetragen hat. Dank sagen möchte ich auch dem Lektor des Pustet-Verlags, Herrn Dr. Rudolf Zwank, für die engagierte und konstruktive Beratung und Begleitung.

Ich wünsche Ihnen, den Leserinnen und Lesern dieses Buches, einen liebevollen und achtungsvollen Umgang mit Ihrer eigenen Seele, daß Sie gut und gerne in sich selbst zu Hause sind, sich selbst umfassend annehmen können, mit all dem, was in Ihnen lebendig ist und was zum Ganzen Ihrer Lebensgeschichte dazugehört.

Das große „Ja" zum eigenen Dasein und zur Welt, die uns umgibt, ist möglich, weil zu uns ja gesagt ist, von einer Quelle der Lebensbejahung her, die manche „Gott" nennen.

I. Teil
Angst

Angst dient dem Leben

Die Angst als eines der wichtigsten Gefühle des Menschen verbindet uns mit der Gefühlswelt der Tiere; denn auch Tiere erleben Angst. Aber bei ihnen stellen wir fest: Die Angst dient dem Leben.

Die Angst macht dem Hasen schnelle Beine, damit er der Gefahr entgeht.

Die Angst weckt in einer Katze, die von einem Hund in die Enge getrieben ist, alle Energien der Aggression, um den Angreifer abzuschrecken. Die Angst dient – wie eigentlich jedes Gefühl von Mensch und Tier – dem Leben.

Aber wir Menschen haben manche Ängste, die wir nicht als hilfreich empfinden, Ängste, die lang anhaltend und bedrückend sind, die uns Lebensenergie und Lebensfreude rauben, die uns innerlich lähmen und depressiv machen können. Um solche typisch menschlichen Ängste geht es in diesem Buch.

Ängste sind Warnsignale

Auch lang anhaltende, bedrückende Ängste haben ihren Sinn und ihre Bedeutung, sie sind Warnsignale nicht für äußere Bedrohungssituationen, sondern für seelische Blockaden, für seelische

Sackgassen und Fehlentwicklungen. Da sie also vor problematischen Verhaltensweisen warnen, die oft aus den Kräften des Unbewußten genährt sind, wirken sie langfristig und sind oft nur lösbar, wenn die unbewußten Energien, durch die sie verursacht sind, aufgedeckt, verstanden und umgeleitet werden.

Ein *Beispiel:* Eine Tochter war von klein an gewöhnt, die Mutter zu trösten und zu stützen, weil diese vom Ehemann unterdrückt und später von ihm verlassen wurde. Aber dann geschah es, daß sie es als erwachsene Tochter nicht schaffte, die Mutter „allein zu lassen" und eine eigene Familie zu gründen. Sie wurde nach einiger Zeit von ständigen Ängsten gequält, die sie nicht verstand. Die Aufdeckung der unbewußten Ursachen konnte hier deutlich machen, daß durch die Angst eine seelische Lähmung ausgelöst wurde, die letztlich ein Protest gegen das eigene bewußte Verhalten war. Dahinter steht die unbewußte Erkenntnis, daß es nicht angeht, auf die eigene Ich-Entwicklung zu Gunsten der Mutter zu verzichten. Gleichzeitig könnten die Ängste aber auch ein Protest des Unbewußten dagegen sein, die Mutter in einer kindlich-bedürftigen Rolle zu halten und ihr damit den Weg der eigenen Verantwortung und Ich-Entwicklung zu blockieren.

Was in diesem Beispiel also in bewußter Liebe geschieht, muß nicht immer das seelisch Gesunde sein; es kann im Widerspruch stehen zur Ich-Entwicklung und zu einer angemessenen Beziehung zwischen Mutter und Tochter. Die Tochter war von klein auf zu einer Art „seelische Partnerin" oder gar „Übermutter" für die Mutter geworden. Die chronischen Angstzustände der Tochter signalisierten also die Verkehrung einer angemessenen Beziehungsstruktur zu ihrer Mutter.

Auch gut gemeintes Handeln kann Angst erzeugen

Wer also meint, aus Liebe zu handeln und vielleicht auch von den Mitmenschen als selbstlos liebend angesehen wird, muß deshalb noch nicht das tatsächlich „Gute" und „Richtige" tun. Viele handeln in der Meinung, was sie aus Liebe tun, müsse in jedem Fall gut sein und sind entrüstet, wenn jemand dies in Zweifel zieht; sie sind erstaunt, wenn ihnen gesagt wird, wie viel man aus Liebe falsch machen kann.

Aber schon das alte Sprichwort: „In der Gutheit steckt ein Stück Liederlichkeit" wußte offensichtlich um den unbewußten Widerspruch zwischen „gutem Willen" und „guter Tat". Im wirtschaftlichen oder technischen Bereich ist uns das allen klar: Der gute Wille allein reicht nicht!

Aber im menschlichen Beziehungsbereich handeln viele genau nach gegenteiliger Überzeugung: Was sie gut gemeint haben, das müsse auch gut bei den Mitmenschen ankommen und gut wirken. Sie sind entrüstet, beleidigt und verletzt, wenn dies nicht der Fall ist, und sie können es nur schwer annehmen, daß sie mit ihrer Liebe, mit ihrem guten Willen, das seelisch Falsche tun oder getan haben. Manche fühlen sich nach solchen Erfahrungen wie gelähmt, bekommen diffuse Schuldgefühle und innere Hilflosigkeitszustände, die in der Angst enden, sowieso nichts wert zu sein. Wer solche Angst nicht einfach leidend ertragen will, kann sie als Signal des Unbewußten begreifen, das darauf hinweisen will, daß es hier etwas ganz neu zu bedenken und zu verstehen gibt.

Die Ich-Entwicklung ist von Angst begleitet

Seelische Ängste haben mit der Nichterfüllung fundamentaler seelischer Bedürfnisse zu tun. Eines davon ist das Bedürfnis, „sich bewußt von anderen zu unterscheiden", um die Originalität des eigenen Daseins und des eigenen Ichs zu entdecken und zu entfalten.

Dieses Bedürfnis setzt die besondere Fähigkeit des Menschen voraus, sich selbst wahrzunehmen, das eigene Ich überhaupt zu erkennen, ein Ich-Bewußtsein zu entwickeln. In der Ich-Erfahrung unterscheidet sich der Mensch bewußt von allen anderen.

Warum nun hat diese grundlegende Erfahrung des Menschen mit Angst zu tun? Weil sich in der Entwicklung des Ich-Bewußtseins ein Abgrund gegenüber allen anderen Menschen und Geschöpfen auftut. In der Erfahrung unserer Originalität und Einzigartigkeit erleben wir uns innerlich wie auf einer Insel und sehen die anderen Menschen auch als seelische Inselbewohner, aber jeden auf seiner eignen.

Wer über sich selber und sein Dasein in dieser Welt nachzudenken beginnt, dem stellen sich viele Fragen und dem kommen viele Zweifel an der Sinnhaftigkeit vieler unserer alltäglichen Verhaltensweisen. Wenn er aber auf seine Mitmenschen sieht, so wirken diese alle beschäftigt und leben scheinbar problemlos und fraglos, als sei es das Selbstverständlichste auf der Welt, als Mensch zu leben. So erleben wir in der Ich-Entwicklung eine besondere Einsamkeit. Je mehr ich mich in der Entwicklung meiner Originalität von anderen unterscheide, desto schwieriger wird es für diese, mich zu verstehen, meine Gefühle und Gedanken mitzuvollziehen.

Die Angst, nicht verstanden zu werden, ist für uns eine bedrohliche Form innerer Einsamkeit. Die bedrückende Erfahrung innerer Einsamkeit macht ein wesentliches Bedürfnis des Menschen sichtbar: Das Bedürfnis, *wahrgenommen*, *geachtet* und *geliebt* zu werden.

Im Nichtverstandenwerden liegt aber auch ein Weg, die Einzigartigkeit und Originalität des eigenen Daseins zu entdecken und die Herausforderung zu spüren, sich selbst mit seiner grundsätzlichen Einsamkeit wahrzunehmen und zu akzeptieren.

Wir wollen nicht nur „da sein", sondern auch bejaht werden

Wir Menschen sind diese merkwürdigen oder auch besonderen Wesen, die nicht nur „dasein" wollen, am Leben bleiben, und es sich gut gehen lassen wollen. Nein, wir wollen zu all dem in unserem Dasein bejaht, geachtet, angenommen sein.

Dieses Bejahtwerden hat zwei Dimensionen:
- Wir wollen einerseits von klein auf „dazugehören" dürfen: zu den Eltern, zu menschlichen Gemeinschaften, zum Leben dieser Welt.
- Wir wollen andererseits uns unterscheiden und in unserem Anders-Sein doch bejaht und geachtet werden.

Menschliche Liebe erfahren wir einerseits als innere Verbundenheit im Dazugehörendürfen, andererseits als ein Geachtet-Sein im Anders-Sein. Diese beiden Grundbedürfnisse bzw. diese beiden Weisen, Liebe zu erfahren, sind begleitet von der fundamentalen menschlichen Angst, nicht geliebt zu werden, nicht wahrgenommen und beachtet zu werden, für diese Welt unwichtig und überflüssig zu erscheinen; es ist letztlich die Angst, sinnlos zu sein. Sinnlosigkeit aber erfahren wir als Beziehungslosigkeit.

Deshalb ist es bei Meinungsverschiedenheiten mit anderen Menschen für manche durchaus ein Wagnis, ein gegensätzliches Denken oder Wollen klar zu formulieren und z. B. zu sagen: „Ich sehe das anders" oder „Nein, ich möchte das nicht". Aber dieses „Wagnis" gilt es einzugehen, um die eigene Individualität zu entwickeln und dabei zu entdecken, ob man im Anderssein geachtet ist.

Unsere Seele will zur Welt kommen

Um dieses Bedürfnis nach Geliebt- und Bejahtsein besser verstehen zu können, müssen wir fragen, was sich in der Dynamik der Liebe in der Seele des Menschen ereignet.

Wir spüren die Sehnsucht nach Liebe, wenn wir mit unseren Gefühlen und Gedanken in uns selbst zu wenig Platz haben, wenn wir ausdrücken wollen, zur Welt kommen lassen wollen, einem anderen Menschen mitteilen wollen, was uns innerlich stark beschäftigt und bewegt; wir wollen es einem Menschen unseres Vertrauens erzählen können, was uns selbst innerlich wichtig und wertvoll erscheint. Der ärmste Mensch ist der, der niemanden hat, dem er sich mitteilen kann, dem er sich anvertrauen kann oder dem er erzählen kann, was in seinem Innersten lebendig ist. Es wird uns innerlich zu eng; manche sagen, es falle ihnen die Decke auf den Kopf oder es drohe sie innerlich zu zerreißen, wenn sie nur nach dem Leitwort leben: „Was da drinnen in meiner Brust, in meinem Herzen vor sich geht, das geht niemand etwas an."

Wir wollen in anderen Menschen wohnen dürfen

Wir wollen also mit dem, was uns innerlich stark bewegt und uns wichtig ist, nicht nur aus uns heraus, es zur Welt kommen lassen, sondern bei anderen Menschen dafür einen Zugang und einen guten inneren Platz bekommen.

Dieses Bedürfnis findet aber oft keine Erfüllung, weil wir nicht wissen, wie andere Menschen mit dem umgehen, was wir ihnen anvertrauen. Denn es gibt ja genügend schlechte Erfahrungen:

- Wir fühlen uns verletzt, wenn wir etwas, das uns innerlich angenehm oder belastend erfüllt, einem Menschen mitteilen wollen, dieser aber kein Interesse zeigt.
- Wir fühlen uns manchmal auch verletzt, wenn der oder die andere uns zwar zuhört und das Gesagte aufzunehmen scheint, aber weder unmittelbar darauf noch später eine Reaktion zeigt. Wir möchten ein wenig mitbekommen, wie das Gesagte im anderen wirkt, ob es ihn oder sie berührt und bewegt.
- Wir fühlen uns verletzt und bedroht, wenn wir den Eindruck haben, andere distanzieren sich innerlich von dem, was wir ihnen anvertraut haben, oder sie sähen verächtlich darauf herunter.
- Bei solchen Menschen hat man den Eindruck, sie seien innerlich mit einem großen geistigen Schubladen-System ausgestattet; da wird das, was sie von einer anderen Person mitgeteilt bekommen, geistig zerstückelt und in ihr Schubladen-System einsortiert und weg-

geräumt. Der Mitmensch wird nicht als Einheit und Ganzheit gesehen und geachtet, sondern in beurteilendem und bewertendem Denken „auseinandergenommen" und geistig einverleibt.
- Noch schlimmer erleben wir es, wenn Menschen mit dem Wissen über ihre Mitmenschen zu anderen gehen und dort in abwertender Weise „austeilen", also tratschen.

In all diesen Fällen erleben wir uns nicht geachtet in unserer Würde und haben den Eindruck, daß wir bei den Personen, denen wir uns mitgeteilt haben, innerlich keinen guten Platz bekommen.

Ein guter Platz würde bedeuten: Auch die andere Person ist innerlich ein Stück berührt und bewegt durch das, was ich ihr mitgeteilt habe. Es beschäftigt sie innerlich, und sie kann mitfühlen, was ich selber empfinde.

Genau dies ist unser Bedürfnis, unsere Sehnsucht, unsere mitmenschliche Erwartung:

Daß wir in anderen Menschen, in deren Denken und Fühlen, einen guten Platz bekommen, daß unser Leid ein Stück ihr Leid wird, daß unsere Freude ein Stück ihre Freude wird, so wie auch wir betroffen und bewegt sind und uns mitfühlend Gedanken machen, wenn uns ein guter Freund, eine vertraute Arbeitskollegin etwas sehr Persönliches erzählt.

Liebe schafft gegenseitige innere Vernetzung

Wir Menschen hören nicht an unserer Haut auf, wir wollen mit dem, was uns stark bewegt, auch in den Herzen und Gedanken von vertrauten Menschen einen Platz haben und also dort auch noch ein Stück existieren. Das persönlich Mitgeteilte ist und bleibt ein Stück von uns selbst; wir haben unser Dasein nicht nur als Leib und Seele in Gestalt unseres Körpers, sondern auch in all dem, was wir als Persönliches „äußern" bzw. anderen Menschen anvertrauen.

Wo Menschen in vertrauter Beziehung Anteil aneinander erleben, erfahren sie eine gewisse gegenseitige innere Vernetzung und Verwurzelung. Und genau dies ist Ziel und Wirkung echter Liebe, die sich in wechselseitigem Mitgefühl und in Verstehensbereitschaft ausdrückt. So kann man entdecken, daß man mit seinem Dasein nicht an der eigenen Haut aufhört, sondern auch in anderen Menschen lebt und wirkt, daß Menschsein heißt: als seelisches Netz zu existieren. Dafür braucht es einen wechselseitigen Vorschuß an Wertschätzung und Achtung für einander, um auch bei alltäglichen Mißverständnissen nicht gleich in seelische Panik zu geraten.

Umgekehrt ist dies ein fundamentaler Grund menschlicher Angst: Niemanden zu haben, dem man vertrauen kann, dem man sich mitteilen kann; nicht glauben zu können, daß mich einer, eine, achtet, so wie ich bin.

Angst bedroht das Selbstwertgefühl

Die Angst, nicht verstanden und akzeptiert zu werden

Das alltägliche Versteckspiel

Die Angst, durch abwertendes Denken und Reden anderer gedemütigt und verletzt zu werden, führt zum alltäglichen Versteckspiel voreinander.

Wir erleben das zum Beispiel, wenn wir in einer kleinen Runde von Menschen etwas Persönliches äußern und dabei sehr aufmerksam die Gesichter der Zuhörenden beobachten; wir möchten erkennen, wie diese mit dem Gesagten innerlich umgehen, ob sie Anteilnahme und Interesse zeigen oder ob sich einer abwendet oder sich innerlich zurückzieht. Ist die Runde klein genug, ist die Wahrscheinlichkeit, daß die Zuhörenden sich persönlich dazu äußern und auch ihre nonverbalen (nicht ausgesprochenen) Reaktionen beobachtbar und einschätzbar sind, groß. Damit ist die Möglichkeit einer direkten Auseinandersetzung darüber möglich. Wir fühlen uns dadurch ernstgenommen und sind leichter in der Lage, uns weiter zu äußern.

Ist die Runde aber dafür zu groß, werden wir immer vorsichtiger mit persönlichen Mitteilungen, je weniger die Reaktionen der Zuhörenden beobachtbar sind. Denn die Wahrscheinlichkeit, daß einzelne in der Runde sich das Gesagte anhören und sich dann „ihren Teil denken", ohne dazu Stellung zu nehmen, wird immer größer.

Wir haben vielfältige Schutzmechanismen entwickelt, um den Bewertungsmustern unserer

Mitmenschen zu entkommen. Nicht nur, daß wir keinem mehr mitteilen, was uns an Hoffnungen und Ängsten persönlich bewegt; wenn wir keinen guten Platz dafür bei anderen Menschen zu haben glauben oder tatsächlich keinen finden, dann geben wir diesen seelischen Lebensäußerungen in uns selbst oft keinen guten Platz und verdrängen diese Gefühle.

So zum Beispiel, wenn ein Junge wegen seiner Tränen vom Vater ausgelacht oder verspottet wird. Dann kann es sein, daß er selbst beginnt, Gefühle der Traurigkeit in sich zu verachten, und sich selbst nicht mag, wenn solche Gefühle in ihm aufsteigen. Er gibt also diesen Gefühlen in sich selbst keinen guten Platz, ja er hat Angst vor ihnen. Die späteren Auswirkungen in der Ehe spüren dann vor allem die Frauen. Denn Männer, die als Kinder erlebt haben, daß ihnen bei einem Tränenausbruch gesagt wurde: „Ein Junge weint nicht", haben oft große Schwierigkeiten, die Ehepartnerin zu achten, wenn sie in Tränen ausbricht. Was sie in sich selbst zu verachten gelernt haben, das verachten sie oft auch bei einem Mitmenschen. Wofür sie in sich selber keinen guten Platz haben, dem geben sie auch keinen guten Platz, wenn es von außen kommt.

Aber es ist auch eine völlig andere Reaktion möglich, wenn man für seine Gefühle kein Verständnis bei den Mitmenschen findet: Man glaubt sich allein wirklich sensibel und innerlich reich und wertvoll, beginnt aber alle anderen zu verachten und vielleicht auch zu hassen, weil man keinen guten inneren Platz bei ihnen zu haben meint.

„Urteilen" ersetzt das „Sich-Mitteilen"

Wer sich abgewöhnt hat, sich mitzuteilen, beginnt häufig, um überhaupt mit anderen reden zu können, „über" die anderen zu reden, über sie herzuziehen, sich über sie zu entrüsten, ihr Verhalten und ihre Äußerungen zu bewerten. Weil wir mit der Innenpolitik unseres seelischen Lebens nicht zurechtkommen, verlegen wir uns auf eine besserwisserische Außenpolitik.

Wie sehr diese Verhaltensmuster im Charakter vieler Menschen eingekerbt sind, zeigte eine Kirchgängerin:

Sie äußerte sich recht positiv über meine Sonntagspredigt, in der ich wieder einmal das Problem des bewertenden und abwertenden Denkens und Redens über die Mitmenschen thematisiert hatte und erzählte mir von ihren guten Vorsätzen, die sie diesbezüglich während des Gottesdienstes gefaßt hatte. Nur mußte sie dann feststellen, daß es nach dem Gottesdienst in einer kleinen Gesprächsrunde vor der Kirchentür nur wenige Minuten dauerte, und schon war man gemeinsam wieder dabei, über eine abwesende Person herzuziehen. Sie war selbst über sich erschrocken, als sie es bemerkte.

Die meisten Menschen nehmen es nämlich gar nicht wahr, wie sehr sie voreinander ihr Eigenes verstecken, um sich statt dessen bewertend und besserwisserisch in das Leben anderer einzumischen.

Unser seelisches Gefängnis

Die Angst vor dem bewertenden Denken und Reden unserer Mitmenschen ist unser seelisches Gefängnis. Das ist der Grund, warum wir uns nicht getrauen, wir selber zu sein, warum wir die

Originalität unseres eigenen Denkens und Fühlens voreinander verbergen und uns so sehr in das Innerste unserer Seele zurückziehen und nicht daran glauben wollen, daß wir noch geachtet würden, wenn die Mitmenschen uns besser kennen könnten. Das ist der Grund unseres alltäglichen Versteckspiels voreinander, unserer enormen Anstrengungen, uns mit unserem Wesen und mit unseren Eigenheiten voreinander zu verbergen.

Hinter der Angst vor dem bewertenden Denken und Reden unserer Mitmenschen verbirgt sich unsere Angst, nicht liebenswert zu sein, so wie wir wirklich sind.

Unser deutsches Grundgesetz baut auf den fundamentalen menschlichen Grundrechten auf und betont die Meinungsfreiheit des Menschen. Aber die gesellschaftspolitische Absicherung dieser Freiheit bewirkt noch keineswegs, daß jeder Bürger, jede Bürgerin tatsächlich auch sagt, was er oder sie wirklich denkt; denn unabhängig vom gesellschaftlichen Freiraum gibt es noch den seelischen Raum, nicht nur im eigenen Leben, sondern im Denken und Fühlen unserer Mitmenschen. Wenn wir diesen Raum nicht zu haben glauben, weil wir mit abwertendem Denken und Reagieren unserer Mitmenschen rechnen, ist die politisch garantierte Meinungsfreiheit nur eine halbe Sache. Wir brauchen die Wertschätzung und das Vertrauen von Mitmenschen, damit wir uns aus dem Gefängnis der Angst und des Mißtrauens, in dem wir uns zum Schutz unseres Inneren selbst eingemauert haben, heraus wagen.

Deshalb braucht es nicht nur das politische Engagement, um den Raum der Freiheit zu schützen und auszuweiten, es braucht auch das seelische

Engagement, um die Atmosphäre der Angst und Verlogenheit, des Mißtrauens und der Verachtung zu überwinden zugunsten eines seelischen Raumes, der sich öffnet, wenn eine grundsätzliche Achtung voreinander lebendig ist.

Das verinnerlichte Gefängnis

Nicht nur das abwertende Reden und Denken der Mitmenschen wird uns zu einem seelischen Gefängnis, zu einer ständigen Quelle von Angst, noch schlimmer wirkt sich unser eigenes bewertendes Denken gegenüber unserem Charakter und gegenüber unseren Gefühlsstimmungen aus. Dieses selbstbewertende Denken hat man uns von klein an in der familiären und religiösen Erziehung beigebracht, indem unsere Gefühle in gute und böse, in akzeptable und unakzeptable eingeteilt wurden. Ein gehorsames und „pflegeleichtes" Kind wurde als gutes und braves Kind gelobt. War das Kind mal trotzig und zornig, wurde es als böses Kind bezeichnet.

Später lernte es in der Beichtvorbereitung, daß Gott zornige Kinder nicht mag, daß das Zornigsein eine Sünde sei, ja sogar zu den sieben Hauptsünden zähle und als Schuld bekannt werden müsse. Alle „bösen Gefühle" müsse man bekämpfen und unterdrücken, sie auszuleben würde dem Teufel, dem Widersacher Gottes Tor und Tür zu unserem Leben öffnen. So lernte man von klein an, Gefühle zu bewerten und die verschiedenen Gefühle in einen feindseligen Widerspruch zueinander zu bringen. Wenn aber Gefühle als gegenseitige innere Feinde erklärt werden (Haß sei das Gegenteil von Liebe), dann reißt man den Menschen innerlich auseinander. Wenn Gefühle nur getrennt voneinander betrachtet werden und nicht gesehen wird, daß sie alle in ihrer Unterschiedlichkeit und Gegensätzlichkeit eine Art seelischer Organe in einem großen seelischen Organismus bilden, dann wird der Mensch genötigt, innerlich Teile von sich abzuspalten, zu unterdrücken und zu bekämpfen.

Freilich kann man Gefühle wie Wut, Zorn und Haß als Energien mißbrauchen, um sich innerlich über einen anderen Menschen zu erheben und auf ihn verächtlich herabzusehen. Aus dem Vulkan von Wut-Energien, die aus einem wie Naturgewalten hervorbrechen, baut mancher sich eine Kanone, um diese Kräfte in zerstörerischer Weise auf einen Mitmenschen zu richten. Da man durch die gesellschaftlich übliche Abwertung und Verachtung aggressiver Gefühle gewohnt ist, sich selbst mit solchen Gefühlen als böse, minderwertig und unakzeptabel abzuwerten, hat man nicht gelernt, mit solchen Gefühlen ehrlich und konstruktiv umzugehen, sie unmittelbar so zu äußern, daß man sie ohne Scham- und Schuldgefühle zeigen kann.

Deshalb sagt man nicht: „Ich bin wütend auf Dich", sondern „Du bist ein unverschämter Mensch". Auch hier ersetzt das Urteilen das Sich-Mitteilen.

Diese destruktive Weise, mit Gefühlen umzugehen, stabilisiert und verschlimmert die alte Tradition, Gefühle zu bewerten und zu verteufeln. Die Bewertung der Gefühle führt dazu, daß der seelische Organismus ständig von inneren Kämpfen belastet wird. Die zu Feinden erklärten verschiedenen Gefühle bekämpfen sich dann tatsächlich innerlich gegenseitig, blockieren und lähmen sich wechselseitig mit ihren Energien.

Und wenn ein Gefühl über das andere siegt, merkt man oft zu spät die negativen Auswirkungen. Die besiegte Energie, z. B. ein verdrängter Zorn, wäre ja zu einem späteren Zeitpunkt vielleicht der „Rückenwind", der einem helfen würde, ein Unrecht aufzudecken und zu beseitigen. Man hat mit der Unterdrückung des Gefühls etwas von sich selber abgewürgt. Denn Haß und Zorn sind z. B. wichtige emotionale Signale, daß in dieser Welt etwas sehr ungerecht oder entwürdigend abläuft und nach Veränderung schreit. Das Gefühl der Liebe allein entwickelt oft zu wenig Energien, um problematische Zusammenhänge des Lebens zu durchschauen und zu verändern. Die Liebe müßte gut zusammenarbeiten mit dem „Heiligen Zorn". Und wir kennen alle die Erfahrung, wenn wir unseren Ärger und Zorn einem Vorgesetzten oder Partner gegenüber verdrängen, dann schwinden unsere Achtung und Wertschätzung gegenüber diesem Menschen und damit die Grundenergien unserer Liebe.

Wenn wir aber einen konstruktiven Weg finden, unseren Zorn zu zeigen, dann geht es uns besser und wir können den Menschen, dem unser Zorn gilt, leichter ernst nehmen und achten.

So sind Liebe und Zorn innerlich miteinander verbunden und sind füreinander seelische Nahrung. Wo dies nicht gesehen und in rechter Weise danach gehandelt wird, führt die Bewertung und Feindschaft der Gefühle dazu, daß Menschen Angst bekommen, nichts wert zu sein, wenn sie solche angeblich bösen bzw. sündhaften Gefühle in sich spüren.

Raum- und Zeitdimensionen bedrohen das Selbstwertgefühl

Auch die naturwissenschaftlichen Erkenntnisse des 19. und 20. Jahrhunderts über das Alter der Erde und des Universums einerseits und die

Entfernungen und Raumdimensionen der Sternenwelt und Galaxien andererseits können eine erdrückende Wirkung für das menschliche Selbstwertgefühl haben. Der Mensch fühlt sich angesichts der heute bekannten Raum- und Zeitdimensionen, in die das menschliche Leben und der Planet Erde eingebettet sind, so winzig klein und in seinen Wirkmöglichkeiten so verschwindend bedeutungslos, daß sein Selbstbewußtsein erheblich gedämpft werden kann.

Wenn man die Geschichte unserer Erde mit ihren 4,6 Milliarden Jahren auf einer Tapetenrolle von 4,60 m darstellen würde, wäre die 2 Millionen Jahre alte Menschheit mit den letzten 2 mm maßstabsgetreu eingezeichnet. Das Aussterben der Dinosaurier vor 65 Millionen Jahren wäre auf dieser Papierrolle bei 6,5 cm zu markieren. Die Geburt Jesu müßte mit einem Abstand von $1/_{500}$ mm vor dem Ende des Bandes eingetragen werden. Würde sich die Menschheit eine Million Jahre weiterentwickeln, wäre das auf diesem Band ein zusätzlicher Millimeter.

Was ist angesichts dieser Zeiträume die Lebensgeschichte eines einzelnen Menschen?

Ähnlich bei den Raumdimensionen: Die amerikanische Weltraumsonde Voyager 2, die 1977 zu den vier großen Planeten geschickt wurde, brauchte bei einer Anfangsgeschwindigkeit von 11 km in der Sekunde zwölf Jahre, bis sie am Neptun vorbeiflog. Bei dieser Geschwindigkeit bräuchte dieses unbemannte Raumschiff bis zur nächsten Sonne, also bis zum nächsten echten Stern, rund 75 000 Jahre. Die Entfernung dorthin, rund 4,5 Lichtjahre, müßte mit 22 000 multipliziert werden, um den Durchmesser der Sternenwolke, die wir als unsere Milchstraße bezeichnen, zu erreichen. Unsere Milchstraße ist aber nicht die einzige im Universum. Die Zahl solcher Sternenwolken oder Galaxien, wie wir sie auch nennen, wird von den Astronomen auf rund 100 Milliarden geschätzt. Wollte man 100 Milliarden Milchstraßen zählen, indem man jede Sekunde eine registriert und jeden Tag 8 Stunden arbeitet, bräuchte man dafür rund 8000 Jahre.

Diese heute bekannten Tatsachen können das menschliche Selbstwertgefühl erheblich verunsichern.

Schon der biblische Schriftsteller, der vor 2500 Jahren von Weltall und Evolution keine Kenntnis hatte, erlebte die Dimensionen der Erde als so gewaltig und das Menschenleben als so klein und hinfällig, daß er die berühmten Gebetstexte formulierte: „Was ist der Mensch, o Gott, daß du seiner gedenkst, des Menschen Kind, daß du dich seiner annimmst?" (Ps 8,5)

Aber dieser biblische Schriftsteller drückt auch aus, was ihn aus der Verlorenheitserfahrung in den Weiten der Erddimensionen, aus der Angst, bedeutungslos und nichts wert zu sein, errettet: Es ist das Vertrauen, daß seiner gedacht wird, daß er sich angenommen glaubt von einem Du, in diesem Falle von Gott.

Die Anonymität der Masse bedroht das Selbstwertgefühl

Eine andere Erfahrung, die das menschliche Selbstbewußtsein erschüttern und die Angst, nichts wert zu sein, steigern kann, ist die Erfahrung, in einer Vielzahl von Menschen mit dem eigenen Ich klein und unbedeutend zu erscheinen.

Ein Schüler z. B., der in einer Kleinstadt sein Abitur macht, ist gewohnt, daß er die Menschen, die ihm im Alltag begegnen, zum großen Teil kennt und daß auch sein Gesicht den meisten Menschen, denen er auf der Straße begegnet, bekannt ist. Kommt er nun in eine Großstadt zum Studium, laufen ihm täglich Tausende von Menschen über den Weg, die er nicht kennt und für die er eine unbekannte Person ist.

Die Masse der Menschen macht den einzelnen anonym und scheinbar beliebig austauschbar, weil sein Nicht-Dasein von fast niemandem bemerkt würde. Dasein oder Nichtsein scheint „gleich-gültig" zu sein.

Die anonyme Masse kann erdrückend für das Selbstwertgefühl wirken. Die Angst, nichts wert zu sein, kann also auch durch diese Erfahrung verschlimmert werden.

Und auch hier gilt: Die Angst entsteht, weil das Ich nicht wahrgenommen wird; weil es keinen Platz zu haben scheint in den Herzen und Gedanken anderer Menschen, deshalb wird ihm der Platz in der Welt zu eng.

Auch wenn mich Millionen unbekannter Menschen umgeben, sobald ich mit einigen wenigen durch intensive Beziehungen des Vertrauens und des mitmenschlichen Austausches verbunden bin, erlebe ich die anonyme Vielzahl der Menschen um mich her nicht mehr als bedrohlich und erdrückend, sondern kann sie ertragen und habe selbst einen guten Platz in der Welt.

Wenn aber die Seele blockiert ist, wenn es nicht gelingt, Beziehungen der Freundschaft und des Vertrauens aufzubauen, wirkt das, was sonst nur belastet, aber ertragen werden kann, plötzlich niederschmetternd und erdrückend.

Vergänglichkeit und Tod bedrohen das Selbstwertgefühl

Nicht nur die Winzigkeit des Menschen, sondern allein schon das Wissen, sterben zu müssen, alltäglich gespiegelt im Aufblühen und Verwelken, im Geboren-Werden, Altern und Sterben der uns umgebenden Natur, macht uns die Vergänglichkeit unseres körperlichen Daseins bewußt. Die Angst, im Verlust der körperlichen Lebensprozesse die Kontinuität des eigenen Ichs zu verlieren, bewirkt dann auch die Angst, „nichts" zu sein, beliebig ersetzbar, unwichtig und sinnlos zu erscheinen, keinen wesentlichen Wert zu besitzen.

Das Wissen um den Tod treibt den Menschen seit der Entwicklung seines Bewußtseins zu den größten Anstrengungen auf allen Gebieten menschlicher Kultur und Lebensgestaltung; denn er kämpft nicht nur im Augenblick einer unmittelbaren Bedrohung um sein Leben wie viele Tiere ja auch, sondern er kann durch sein bewußtes Wahrnehmen von Vergänglichkeit und Sterblichkeit sein ganzes Leben als einen Kampf gegen diese Vergänglichkeit gestalten. Der Tod setzt nicht nur seinem körperlichen Dasein ein Ende, sondern droht auch seinem Bedürfnis nach Dazugehören, nach geliebt und geachtet sein, eine Erfüllung zu versagen. So weckt der Tod nicht nur die Angst um den Verlust des körperlichen Lebens, sondern auch um das seelische Leben, um den möglichen Verlust des seelischen Raumes, den man in dieser Welt, in den Herzen von Mitmenschen und vielleicht auch bei (in) Gott zu haben glaubt. Es war wohl diese Angst, die meine Großmutter 82jährig kurz vor ihrem Tod mit den Worten an ihre Angehörigen ausdrückte: „Bitte, vergeßt mich nicht".

Gesundes und ungesundes Selbstwertgefühl

Jeder von uns kennt Menschen, die mit erhobenem Haupt und stolzem Blick durch das Leben gehen und offensichtlich ein starkes Selbstwertgefühl haben. Aber ihr Stolz ist genährt von der seelischen Ausbeutung ihrer Mitmenschen. Sie schauen auf andere herab und fühlen sich als etwas besseres, sei es aufgrund ihrer Bildung, ihres Reichtums, ihres Bekanntheitsgrades oder ihrer beruflichen Position. Aber dies ist kein Selbstbewußtsein, das auch in Krisen, in Krankheit und vor dem Tod Bestand hat: Arroganter Stolz ist immer eine Methode der Verdrängung eigener seelischer Schmerzen und Schwächen.

Ein gesundes Selbstwertgefühl hat damit zu tun, daß man in der Selbstwahrnehmung und Selbstannahme voranschreitet, ohne sich mit anderen vergleichen zu müssen und ohne an sich und an seine Mitmenschen mit inneren Bewertungskategorien heranzugehen. Es geht vielmehr darum, bei sich selbst die ganze Bandbreite von Gefühlen und Stimmungen bewußt zur Kenntnis zu nehmen, sie zu akzeptieren und auszuhalten und sie als Signale und Botschaften der Seele ernstzunehmen und einen Weg des Verstehens zu gehen.

Ob es Gefühle der Freude oder der Trauer, der Zuneigung oder des Zorns, der Lust oder des Schmerzes sind: Es geht darum, Gefühlen in sich Raum zu geben, ihnen aber auch nach außen hin Ausdruck zu verleihen, sei es, indem man sie in einem Raum mitmenschlichen Vertrauens zeigen kann, sei es, indem man sie durch Protest, Kritik oder andere Ausdrucksweisen an die Öffentlichkeit bringt.

Ähnlich wichtig für ein gesundes Selbstwertgefühl ist die Wahrnehmung und Akzeptanz der eigenen Lebensgeschichte mit ihren jeweiligen Licht- und Schattenseiten. Selbstwertgefühl entsteht dort, wo man Ja-Sagen lernt zur Vielfalt und zu den Abgründen der eigenen Gefühlswelt und Ja-Sagen lernt zum Ganzen der eigenen Vergangenheit und damit das Leben als eine Einheit begreift und akzeptiert, von der man nichts zu verdrängen oder wegzuschneiden versucht.

Dieses Ja-Sagen zur eigenen Vergangenheit bedeutet nicht, alles für gut und wertvoll zu halten, was man erlebt und getan hat, sondern innerlich einzuwilligen, daß dies alles, ob es Erfolg oder Mißerfolg, Verletzung oder Schuld, Peinliches oder Trauriges war, zu mir dazu gehört, daß dies alles „ich" war und bin: Ich bin bereit, eins zu sein mit meiner ganzen Geschichte.

Wer ein gesundes Selbstwertgefühl hat, kann auch einmal weinen und sich innerlich erschüttern lassen; er kann sich kritisieren lassen, ohne aggressiv oder depressiv zu werden; er kann es innerlich zulassen, sich hilflos und verunsichert zu erleben; er kann zwischendurch seelisch „am Ende sein"; denn er weiß, die Möglichkeiten, die Welt mit ihren dunklen Seiten zu verstehen, sind begrenzt, oder um es mit einem Wort von Lessing zu sagen: „Wer über gewisse Dinge den Verstand nicht verliert, der hat keinen zu verlieren" (zitiert nach: Keller, Albert: Schmerz-Leid-Tod; Wie kann Gott das zulassen? Mainz 1980, S. 42).

Ein Mensch mit einem gesunden Selbstwertgefühl weiß um die eigenen Grenzen, weiß um eigenes Unvermögen und eigene Schuld, kennt die Erfahrung von Hilflosigkeit und Bedürftigkeit, weiß auch um Bedrohtheit, Vergänglichkeit und Tod; aber er weiß andererseits auch um innere Vielfalt und Lebendigkeit, um Vertrauensbeziehungen und Wertschätzung, um menschliche Würde und Liebe. Er hat seine Feindbilder gegenüber der eigenen Innenwelt und gegenüber der Außenwelt abgelegt. Es ist ihm möglich geworden, in Demut und Verantwortung „Ja" zu sagen zum Ganzen seines Lebens – im Blick nach innen und in seine Vergangenheit und im Blick nach außen, in die Welt, die ihn umgibt. Er hat es nicht nötig, sich innerlich über einen Mitmenschen zu stellen, auf andere herabzusehen und sie zu verachten, über andere zu herrschen und sie kontrollieren zu wollen oder sie in irgendeiner Weise für sich auszunutzen. Ein Mensch mit einem gesunden Selbstbewußtsein kann andere neben sich leben und gelten lassen. Er hat eine Ausstrahlung, die anderen neben ihm sogar Mut und Anregung gibt, in sich selbst eine solche innere Souveränität und Freiheit zu entdecken und zu entwickeln. Ein wahres Selbstwertgefühl in einem Menschen schwächt und beeinträchtigt nicht das Selbstwertgefühl der Personen, die neben ihm leben und arbeiten, sondern stärkt und fördert es.

An diesen Kriterien kann man leicht bei sich erkennen, ob man selbst ein wirklich gesundes Selbstbewußtsein besitzt.

Manche werden es sicher als eine Glaubenstheorie gewisser psychologischer Denkrichtungen interpretieren, wenn hier behauptet wird, daß die Signale des Unbewußten dem Menschen helfen wollen, das hier beschriebene Selbstbewußtsein zu entwickeln. Aber ich bin überzeugt, daß diese These der hintergründigen Dynamik des Unbewußten entspricht.

II. Teil
Umgangsformen des Menschen mit der Angst, nichts wert zu sein

Wie gehen nun Menschen mit ihrer „Angst, nichts wert zu sein" um? An vier problematischen Formen wollen wir diese Frage klären: Nivellierung, Rückzug, weltliche Leistung, religiöse Leistung. Diese zu bedenken ist notwendig, um die Wege der Befreiung aus der Angst zu finden, da die problematischen Formen verschiedene Arten von Sackgassen darstellen, in denen man zuerst umkehren und zurückgehen muß, von denen man sich bewußt lösen muß, um den guten Weg zu finden. Seelische Wachstumsprozesse haben nämlich sehr oft mit Verabschiedungen alter Lebens- und Denkmuster zu tun.

Nivellierung

Eine erste Form, mit der Angst umzugehen, die nicht sehr hilfreich, aber durchaus häufig ist, nenne ich Nivellierung. Wenn z. B. eine Person sich unbeachtet und unwichtig empfindet und deshalb Minderwertigkeitsgefühle bekommt, kann es sein, daß sie ihre Mitmenschen abzuwerten beginnt; weil sie sich selber seelisch „unten" fühlt, versucht sie, andere Menschen auch auf ihr Gefühlsniveau herunter zu ziehen. Er oder sie will offensichtlich mit ihrem Minderwertigkeitsgefühl nicht allein sein. So wird über andere hergezogen, wird überall vorrangig das Negative und Kritisierbare gesehen; und was den Anschein erweckt, sinnvoll oder wertvoll zu sein, wird auf das eigene Gefühlsniveau der Wertlosigkeit eingeebnet. Es ist letztlich ein Kampf gegen die Originalität und Unterschiedlichkeit der Menschen, die von solchen Personen als Unterschiedlichkeit der Werthaftigkeit der Menschen betrachtet wird. Sie fühlen sich unfähig, ihre eigene Originalität zu entdecken und zu zeigen. Das bedeutet letztlich Verzicht auf Originalität, d. h. Verzicht auf Entwicklung des eigenen Ichs, Verzicht auf Entfaltung eines inneren Ich-Raumes. Dieser Verzicht steht im Zusammenhang mit der Angst, daß das Sichtbarwerden der eigenen Ich-Originalität Abwertung, Ärger oder gar Entrüstung bei den Mitmenschen auslösen könnte.

Es ist letztlich ein altes Programm, das man in der Kindheit lernen mußte:

Es soll keiner herausragen, es soll keiner in seiner Originalität sichtbar werden. Wer über das gewohnte Schema hinauszuragen scheint, wird eingeebnet, wird nivelliert. Wer sich von anderen unterscheidet, scheint die gemeinsame Ebene zu verlassen, will vielleicht im Anderssein „etwas Besseres" sein, will sich vielleicht in arroganter Weise „abheben", entzieht sich dem üblichen Verstandenwerden. Und haben nicht „abgehobene" Mitglieder einer Gemeinschaft immer schon versucht, sich über die anderen zu stellen, sie auszunutzen und zu beherrschen? Sind das nicht gefährliche Leute, vor denen man Angst haben muß? Das „Anderssein" war wohl tatsächlich in Zeiten, in denen die Rede von der Würde des Menschen noch unbekannt war, ein Zeichen von versteckten Herrschaftsansprüchen, eine Tendenz, sich der Solidarität mit den Personen, mit denen man bisher zu tun hatte, zu entziehen.

Alles „Eigene" gilt als gefährlich

So war auch alles seelisch „Eigene" von vornherein verpönt und wurde von klein auf bekämpft: „eigenwillig", „eigensinnig", „eigensein", das waren und sind auch heute noch negative Bezeichnungen für ein Kind wie für einen Erwachsenen. Daß ein Kind einen „eigenen Willen" entwickelt, einen „eigenen Sinn" im Leben zu finden sucht, galt immer schon als problematisch und gefährlich und wurde unterdrückt und diffamiert. Eine positiv verstandene Erziehung sollte das verhindern.

Der Anpassungsdruck von Eltern, Lehrern, Kirche und gesellschaftlicher Umwelt beeinträchtigte bei nicht wenigen die Entwicklung der persönlichen Originalität und damit eines ausgeprägten Ich-Bewußtseins von vornherein.

Das „Unterscheidende" führte oft zum Nicht-Verstandenwerden, das Nichtverstehbare aber –

ob in den Naturphänomenen oder im menschlichen Bereich – verunsicherte und machte Angst, es könnte sich ja überraschend bedrohlich auswirken.

Die kindliche Trotzphase: Originalität oder Erbsünde?

Noch in der ersten Hälfte unseres Jahrhunderts wurde von vielen Eltern die Trotzphase des Kindes als entscheidende Herausforderung an ihre elterliche Autorität verstanden, d. h. als Machtkampf zwischen Eltern und Kind, bei dem es galt, in Form gewalttätiger Unterdrückung klarzumachen, wer das Sagen hat. Das trotzige Kind wurde solange geschlagen, bis der Trotz zusammenbrach. Ein Vater, der nicht bedingungslos den Gehorsam seiner Kinder erzwang und jede Eigenwilligkeit unterdrückte, galt in vielen gesellschaftlichen Schichten als ein Mann ohne Autorität, als ein Vater, der unfähig ist, Kinder zu erziehen.

Es gab auch eine problematische religiöse Quelle dieses elterlichen Verhaltens: Im kindlichen Trotz sah man die Überreste der „Erbsünde", von der man glaubte, daß sie zurückgeht auf den Ungehorsam der ersten Menschen. Und dieser Ungehorsam galt als die schlimmste Sünde, als Ursache für alles Leid in der Welt und auch für den Tod. Dieser Ungehorsam wurde verstanden als ein Sich-Ausliefern an den Willen des Widersachers Gottes, den Teufel. Wer also trotzig und ungehorsam war, trug offensichtlich nicht nur Spuren der Erbsünde in sich, sondern trug den Satan in sich, zeigte, daß er noch ein Stück unter seiner Herrschaft stand. Den Trotz des Kindes zu brechen, war gleichbedeutend damit, die Herrschaft des Satans zu brechen. So waren gerade viele religiös eingestellte Menschen in unserem Kulturkreis bereit, gewalttätig gegen die Trotzphase ihrer Kinder vorzugehen.

Originalitätsunterdrückung und Lebensabwertung

Der Anpassungsdruck des sozialen Umfeldes bewirkte und bewirkt heute noch bei vielen ein Duckmäusertum, das zu einer Selbstabwertung und zu Minderwertigkeitsgefühlen führen kann. Jahrelange Bekämpfung und Abwertung des Inneren führt nicht selten zur Abwertung des Lebens überhaupt. Manche zeigen dies durch Geschimpfe über Gott und die Welt, über Nachbarn und Verwandte, über Kirche und Gesellschaft; nirgends können sie etwas Positives ausmachen, über alles wird hergezogen, und was sich anmaßt, gut zu sein, wird abgewertet.

Das sind die eigentlich ungläubigen Menschen: Die nicht an das Gute in sich, in ihren Mitmenschen und in der Welt glauben können. Und wir wissen: Einen Menschen von solchem Unglauben zu bekehren, ist äußerst schwierig. Nur neue positive Erfahrungen können eine solche Umkehr bewirken. Aber diese müssen einige Zeit währen, sonst fallen sie der üblichen Abwertung dieses Menschen wieder zum Opfer.

Therapeutisch betrachtet haben solche Personen in ihrer Kindheit lange Jahre enttäuschende und entmutigende Erfahrungen mit Bezugspersonen gemacht, sind dem Anpassungsdruck der Umwelt erlegen und haben auf die Entwicklung eines eigenen Ichs verzichtet; der oft unbewußte Schmerz darüber wird nun in einer zurückschlagenden Abwertung gegen alles, „was einen kaputt gemacht hat", abreagiert. Deshalb steht es uns nicht zu, über diese Menschen zu urteilen. Wer auf seine Ich-Entwicklung als Kind oder in seiner späteren Lebensgeschichte verzichtet hat bzw. dem sozialen Druck dagegen erlegen ist, bekämpft oft jede Ich-Entwicklung bei seinen Mitmenschen, wird unter Umständen aggressiv reagieren, wenn andere in ihrer Umgebung ihre Originalität zu zeigen versuchen.

Ist es unbewußter Neid oder Gerechtigkeitsempfinden, mit allen anderen auf der gleichen Ebene der Ich-Unterdrückung verharren zu wollen?

Sich schützen vor Abwertung

Sich vor solchen Menschen und ihrem abwertenden Rundumschlag schützen zu können, ist eine sehr wichtige Kunst für den Lebensalltag und eine notwendige Voraussetzung, sich in der eigenen Ich-Entwicklung nicht einschüchtern zu lassen.

Auch in Pfarreien fallen solche Personen auf; bei neuen Initiativen und Unternehmungen ziehen sie in verallgemeinernder Weise über die Aktiven her und machen jede Neuerung von vornherein schlecht. Wer die abwertenden Aussagen solcher Menschen zu ernst nimmt, gibt ihnen sehr viel Macht. Sie wirken sich dann für die Allgemeinheit blockierend und lähmend aus, so wie sie die Allgemeinheit zuvor für sich blockierend und lähmend erfahren mußten. Das Geschimpfe solcher Personen muß man ein Stück aushalten lernen, oder man fordert sie zu konstruktiver Kritik heraus. Aber es muß uns bewußt sein, daß abwertende Personen gegen viele ihrer Mitmenschen Ängste schüren.

Wer anderen die Originalität übelnimmt, ist oft selbst von Ängsten und Minderwertigkeitsgefühlen geplagt und hat meist eine ausgeprägte aggressive oder depressive Grundstimmung.

Wie das klingt, präsentierte einmal eine Frau, die im Pfarramt zu einem Gespräch erschien und mit dem Satz begann: „Herr Pfarrer, glauben sie mir, die Leute sind schlecht." Und dann begann sie über ihre Mitmenschen böse herzuziehen und nach Leibeskräften zu schimpfen. Offensichtlich verfolgte sie die Strategie „Angriff ist die beste Verteidigung"; da sie davon ausging, daß ihre Mitmenschen über sie schimpfen, versuchte sie, mit einem abwertenden Rundumschlag dieser Bedrohung zuvor zu kommen.

Im Extremfall wird das Leben selbst für sinnlos erklärt. Dieses Verhalten ist ein Ausdruck tiefer Hilflosigkeit und einer Verzweiflung, die immer wieder Angstgefühle auslöst und ein Verhalten hervorbringt, das auch bei den Mitmenschen Angst verursacht. Solche Ängste sind mit Neid und Konkurrenzdenken, mit Bedrohungsgefühlen und Ohnmacht vermischt.

Extreme Kompensationsversuche können sein: Nationalismus, Karrieresucht, arrogantes Auftreten, gesundheitsschädliche extreme Leistungsbereitschaft usw.

Nivellierung ist also keine Methode, Angst zu mildern und davon zu befreien, sondern ist nur ein Abreagieren von Ängsten, das letztlich aber steigernd und verschlimmernd wirkt.

Rückzug

Eine weitere Methode, mit Angst umzugehen, nenne ich „Rückzug": Menschen, die glauben, die Welt um sie her sei schlecht und verderbt, versuchen häufig, eine kleine heile Welt für sich und ihre Familie zu schaffen. Ein schönes Haus, ein schönes Auto, eine schöne Wohnungseinrichtung und manch andere Annehmlichkeiten sind ihnen für ihr Leben genug. Alles andere, was jenseits der Wohnungstür bzw. jenseits ihres Gartenzaunes liegt, interessiert und berührt sie nicht. Die kleine, selbst geschaffene Welt, die man zu schützen und in Ordnung zu halten weiß, genügt ihnen und schirmt sie ab.

Das ist der Rückzug aus einer Welt, die zu groß, zu kompliziert, zu schlimm oder zu böse erscheint.

Der Horizont der Wahrnehmung prägt die seelische Gesundheit

Oft merken solche Menschen zu spät, daß ihre Lebenseinstellung nicht der Wahrheit entspricht, die im Menschen grundgelegt ist. Die Theorie mancher Psychologen ist wohl zutreffend, die sagt, ein Mensch sei seelisch gesünder, wenn er den Horizont seiner Wahrnehmung und Verantwortungsbereitschaft weitet, und die Gefahr seelischer Krankheit und Unausgeglichenheit nehme zu, wenn ein Mensch den Horizont seiner Wahrnehmungs- und Verantwortungsbereitschaft sehr eng zieht.

In religiöser Sprache: Wir Menschen sind Kinder der Erde und Kinder Gottes. Wir sind als

Erben der Welt und des Himmels geschaffen, wir sind auf das Ganze hin angelegt. Wer die Welt um sich her völlig ausblendet, dem wird irgendwann sein Leben innerlich sehr eng und sinnlos vorkommen. Wenn Kinder da sind, kommt es häufig vor, daß eines von ihnen in überraschend aggressiver Weise diese Lebenseinstellung der Eltern für lächerlich und ungenügend erklärt, aber dies meist nicht mit Worten, sondern mit einem Verhalten, das alle Grenzen der elterlichen Autorität sprengt.

Der Rückzug in die selbstgeschaffene „heile Welt" führt oft dazu, daß man die ohnehin komplexen und schwierigen Zusammenhänge, in die unser Leben hineinverwoben ist, immer weniger durchschaut und versteht und man sich deswegen als inkompetent und hilflos erfährt. So kann man zwar einige Zeit die größere Welt ausklammern, aber später steigt die Angst, in vielen Fragestellungen und neuen Problemsituationen ratlos zu sein.

Glückserfahrung durch Ausblendung von Leid?

Der Rückzug, der Gefühle wie Glück und Geborgenheit absichern soll, steht im Widerspruch zu der Erfahrung, daß tiefes Glück nur empfinden kann, wer sich auch den leidvollen und dunklen Situationen des Lebens stellt. In der Erfahrung der Solidarität im Leid und in der Erfahrung der Überwindung und Befreiung aus leidvollen Situationen kommt eine ganz andere Dimension menschlichen Glücks zum Vorschein. Da können wir entdecken, was Menschen innerlich füreinander bedeuten, was sie innerlich miteinander verbindet.

Im Rückzug beraubt sich der Mensch vieler wichtiger Beziehungen zur größeren Welt, die ihn umgibt. Grenzt er von vornherein diese Kontakte aus und wertet sie ab, indem er sie für sich als unwichtig erklärt, wird damit auch seine emotionale Bandbreite und Erlebnisfähigkeit reduziert.

Eine Möglichkeit, innere Rückzugstendenzen zu durchbrechen, besteht in einer kritischen Auseinandersetzung mit den Mitmenschen, d. h. den Anteil an Schuld und Ärger nicht bei sich allein und nicht nur bei den anderen zu suchen. Wenn man Licht- und Schattenseiten sowohl sich wie den anderen zugesteht und konstruktiv damit umgehen will, gilt es, in fairer Kritik zum Ausdruck zu bringen, was einen an den Mitmenschen ärgert und belastet, andererseits aber kritische Äußerungen, die an einen herangetragen werden, auszuhalten, ohne innerlich „die Zähne zusammen zu beißen" und ohne in die Angst, nichts wert zu sein, zu stürzen. Wie kann man sich vor solchen negativen Tendenzen schützen? Indem man die Spielregeln fairer Kritik beachtet:

- Ich beschreibe die für mich verletzenden Verhaltensweisen und Aussagen des anderen, ohne sie zu bewerten.
- Dazu muß ich auch die Wirkungen seines Verhaltens auf mich beschreiben und zwar, welche Gefühle bei mir ausgelöst worden sind: Ärger, Zorn, Freude, ...

Die ursprüngliche Wortbedeutung von Kritik (aus dem Griechischen „krinein") ist „unterscheiden", „genau hinschauen". Es hat also ursprünglich nichts mit Bewertung, Beurteilung oder Zurechtweisung zu tun. Korrekte Kritik verhindert, die Angst, nichts wert zu sein, bei den Mitmenschen zu steigern und entsprechende Aggressionen auszulösen. Andererseits machen wir uns durch faire Kritik nicht selbst angreifbar. Denn bei nur beleidigenden und bewertenden Angriffen stellt man sich ja innerlich über den anderen und wertet ihn damit ab.

Ein fairer Kritiker bleibt seelisch auf dem gleichen mitmenschlichen Niveau mit dem, den er kritisiert.

Es erfordert eine seelische Wachheit und Aufmerksamkeit, um zwischen korrekter und bewertender Kritik zu unterscheiden. Dies gilt auch für Situationen, in denen man kritisiert wird.

Da Kritik meist bewertend geübt wird, wirkt sie von vornherein für viele verunsichernd und angstmachend. Einerseits gilt es, genau hinzuschauen: Was kann mir helfen, durch diese Kritik etwas an mir besser zu verstehen; andererseits ist darauf zu achten, was darin pauschal und abwertend ist, wo ich mich also dagegen schützen bzw. dagegen protestieren müßte. Auch im Protest ist es wichtig, die Spielregeln fairer Kritik einzuhalten. Faire Formen der Kritik und des Protestes nehmen Angst und geben Kraft.

(Eine Zusammenfassung der Kritikregeln finden Sie im Anhang.)

Der Hunger nach Leben äußert sich im Hunger nach Gefühlen.

Gefühle können sich in gesunder Weise nur entwickeln, wenn man seine Beziehungsfähigkeit entfaltet und nicht vorzeitig die größere Welt um sich her ausblendet. Die verkümmerte Beziehungswirklichkeit reduziert auch die Intensität der Gefühle. Weil man Leidvolles und Unangenehmes nicht spüren will und deshalb verdrängt oder die Augen davor verschließt, wird die Fähigkeit, Glück zu erfahren, reduziert.

Man kann im Auf und Ab der Gefühlsschwankungen die „Tiefs" nicht einfach wegschneiden, im Glauben, daß dann die „Hochs" übrigbleiben. Die Energie der Schattenseiten des Lebens nährt in gewisser Weise die Energie der Glückserfahrungen. Die durch den Rückzug verursachte Schmalspur-Gefühlswelt weckt einen gewaltigen Hunger nach Gefühlen, weckt aber nicht gleichzeitig die Fähigkeit, Beziehungen des Vertrauens aufzubauen. Viele gehen nicht den schwierigen und anspruchsvollen Weg, Vertrauensbeziehungen aufzubauen, sondern den billigen, in einer Wohlstandskultur leicht finanzierbaren Weg der schnell erzeugten künstlichen Gefühle, z. B. durch Luxuskonsum, durch Fernsehen, durch Alkohol, Drogen ...

Der Rückzug führt in eine Scheinwelt

Ein Fernsehfilm kann die eigene Gefühlswelt wieder wecken, im Übermaß konsumiert, kann das Fernsehen von der eigenen Gefühlswelt entfremden. Wer durch Medien zu sehr am Lebensschicksal fremder Menschen innerlich teilnimmt, findet vielleicht nicht mehr zurück zu den Lebenszusammenhängen des eigenen Daseins. Es sind dann zwei voneinander abgekoppelte Lebenswirklichkeiten entstanden, die keinen Bezug zueinander haben, und die fremde künstliche Welt wird dabei immer mächtiger und die eigene tatsächliche Wirklichkeit wird immer unbedeutender.

Ermattungsgefühle wechseln sich ab mit suchtähnlichem Hunger nach neuen Impulsen, weil die Flucht vor der eigenen Wirklichkeit in eine Scheinwelt ein seelisches Vakuum zurückläßt.

Vielleicht kennen Sie das Gefühl, wenn man an einem verregneten zweiten Weihnachtsfeiertag drei Fernsehfilme hintereinander anschaut und sich nachher abgeschlafft, unzufrieden und innerlich leer fühlt. Jedes Suchtverhalten ist eine Art Rückzug aus der Welt des aktiv gestalteten Beziehungsaufbaus in eine Innenwelt, die man künstlich zu manipulieren versucht. Dies ist in einer Wohlstandsgesellschaft besonders leicht, weil eine ungeheure Vielfalt von Ablenkungsmöglichkeiten angeboten wird und auch bezahlbar ist.

Die alten Griechen waren offensichtlich nicht nur politisch, sondern auch seelisch kompetent, wenn sie einen Mann, der nur seine privaten Interessen im Blick hatte und sich weigerte, Verantwortung für öffentliche Belange mitzutragen, „Idiotäs" = „Privatmann" nannten. Aus diesem griechischen Wort entstand das deutsche Wort „Idiot".

Sucht enthält einen Anteil unbewußter Liebe

Sucht ist häufig eine Form des Rückzugs. Psychodynamische Erkenntnisse haben deutlich gemacht, daß Suchtkrankheiten gewöhnlich ein Gefälle in der Paarbeziehung der Eltern des Suchtkranken zueinander widerspiegeln, das vom Kind verinnerlicht wird. Es trägt also das Beziehungsmuster der Eltern in sich und wenn es darin ein starkes Gefälle gibt, hat das Kind dieses Gefälle in seiner eigenen Seele.

Im Erwachsenenalter ist z. B. Alkoholismus oft der Versuch, den Abwertungsschmerz in Solidarität mit dem abgewerteten Elternteil zu dämpfen; aber es ist wohl gleichzeitig eine Form unbewußter Liebe: Denn er reduziert ja die eigene Wahrnehmungs- und Entscheidungsfähigkeit und dadurch die personale Freiheit und Verantwortung und ist damit eine Art Selbstabwertung. Diese fügt man sich unbewußt selbst zu in (liebender) Solidarität mit dem abgewerteten Elternteil.

Liebe muß gewürdigt werden

Bei einer Frau, die depressive Angstzustände und Minderwertigkeitsgefühle erlebte, stellte sich in Beratungsgesprächen heraus, daß sie nach ihrer Scheidung ihre frühere Ehe nur noch negativ bewertete; auch alle positiven Erfahrungen und Erlebnisse wurden im nachhinein abgewertet. Aufgrund der Demütigungen, die sie durch ihren Ehemann erlitten hatte, ist diese Reaktion zwar verständlich, aber was einmal als Anteil echter Liebe in dieser Beziehung lebendig war, darf auch im nachhinein nicht geleugnet werden. Die einmal geschenkte bzw. empfangene Liebe braucht auch dann eine Würdigung, d.h. einen inneren positiven Platz im Herzen, wenn die Beziehung später durch schlimme seelische Verletzungen zerbrochen ist, sonst wird dieser Teil der Lebensgeschichte, der Liebe war, diesen Menschen unter Umständen innerlich lähmen und in Angstzustände versetzen.

Das Positive in einer Konfliktbeziehung oder nach einer Scheidung muß innerlich bewahrt werden und darf nicht zusammen mit den negativen Erfahrungen abgewertet werden.

Ähnlich in einem anderen Fall: Wenn in einem problematischen Verhalten ein Anteil Liebe enthalten ist, läßt sich dieses Verhalten nur sehr schwer ändern, da die darin enthaltene Liebe, auch wenn sie unbewußt ist, die stärkste stabilisierende Energie des bisherigen Verhaltens darstellt. Eine bloß äußere Verhaltensänderung würde den Anteil an Liebe im bisherigen Verhaltensmuster abwerten und evtl. beseitigen; und dagegen wehrt sich die Liebe ganz entschieden. Wo Liebe enthalten ist, muß diese gesehen, gewürdigt und anerkannt werden, erst dann ist es möglich, sie in anderer Weise zum Ausdruck zu bringen, und mit der Rettung der Liebe läßt sich das bisherige Verhalten leichter ändern.

So ist es z. B. bei Alkoholikern entscheidend, daß sie beide Elternteile in gleicher Weise achten und als ihre Eltern annehmen und anerkennen. Dann ist es nicht mehr notwendig, in Selbstabwertung Solidarität mit einem abgewerteten Elternteil zu signalisieren.

Auch der Alkoholiker lebt in einer Art Rückzugswelt, da das unbewußte Engagement für einen abgewerteten Elternteil ihn so sehr mit seiner (abgewerteten) Innenwelt beschäftigt, daß für die verantwortungsvolle und schöpferische Auseinandersetzung mit der Außenwelt wenig Spielraum bleibt.

Der Rückzug aus einer angstmachenden, komplizierten Welt in eine kleine, heile Welt des privaten, „trauten Heims" oder der persönlichen Innenwelt, beseitigt nicht die „Angst, nichts wert zu sein", sondern läßt sie irgendwann um so heftiger durchbrechen, je mehr man meint, sie aus dem Leben verbannt zu haben.

Was befreit nun von unbewußten, zerstörerischen Formen der Liebe?

- *Die Verabschiedung von einer unangemessenen Aufgabe:*
  Es ist eine Überforderung, ein Elternteil aus dem Gefühl der Abwertung und aus der Rolle des Unterwürfigen in der Ehe erlösen zu wollen. Man kann auch als erwachsenes Kind Eltern nicht in gesunder Weise aus Minderwer-

tigkeitsgefühlen befreien. Eltern müssen die seelischen Hausaufgaben selber erledigen und nicht von ihren Kindern erledigen lassen, sonst schädigen sie sich und ihre Kinder. Da aber Kinder in diese Erlöserrolle von klein an hineingeraten können, sind sie dadurch in unbewußter Liebe mit Problemen verstrickt, die sie nicht lösen können. Es ist ein Akt der Demut, sich von solchen unangemessenen Aufgaben zu verabschieden. (Vgl. Anhang S. 116ff.)

- *Der Liebe einen bewußten, menschlich wertvollen Ausdruck geben.*
Unbewußte Liebe entwickelt oft eine Solidarität, die bis zur Identifikation mit den Problemen des anderen führt. Und sie kann als Identifikation mit dem anderen die Selbstaufgabe des eigenen Ichs bedeuten. Wird in einem destruktiven Solidaritätsverhalten, wie z.B. im Alkoholismus, der Anteil der darin enthaltenen Liebe erkannt und gewürdigt, dann ist es möglich, diese Liebe in anderer Form, in der die Unterschiedlichkeit der verschiedenen Personen deutlich wird, zu leben, indem man mit dem abgewerteten Elternteil einen lebendigen Austausch pflegt, ohne sich dabei bevormunden zu lassen oder versucht, den anderen zu bevormunden.

So problematisch sich der Rückzug seelisch auswirkt, das andere Extrem ist auch gefährlich: wenn jemand nicht nur eine grenzenlose Wahrnehmung, sondern auch eine grenzenlose Verantwortungsbereitschaft entwickeln will und meint, um alles in der Welt allen Menschen helfen zu müssen.

Damit sind wir bei der dritten problematischen Methode, die „Angst, nichts wert zu sein", zu überwinden:

Angstbekämpfung durch „weltliche Leistung"

Ein markantes Beispiel dafür gab eine Frau, die mir erzählte, sie könne nicht verstehen, warum ihre kleine Tochter im Alter von rund zwei Jahren keine Zärtlichkeiten von ihr will. „Bin ich denn keine liebevolle Mutter?", war die ängstliche und verunsicherte Frage. Zum Schmusen ging das Kind lieber zur Oma oder zum Papa, wenn dieser abends von der Arbeit heimkam.

Auf meine Frage, wie es ihr sonst persönlich und in der Familie gehe, stellte sich heraus, daß sie sich ziemlich belastet fühlte, da sie es allen immer recht zu machen versuche. Sie könne es unmöglich ertragen, wenn jemand mit ihr unzufrieden sei oder sich über sie ärgern müsse. Ich meinte, es sei zwar sehr liebenswürdig, wie sie versuche, alle Menschen glücklich zu machen, aber in dieser extremen und selbstlosen Form führe dies dazu, daß sie mit ihren Gedanken und Gefühlen nicht in sich wohne, sondern „außer Haus" sei. Mit ihren Gedanken halte sie sich ständig in den Köpfen ihrer Mitmenschen auf und versuche, dort zu erkennen, ob diese alle lieb und gut von ihr denken, und sie tue alles, um genau dies zu erreichen.

Solches Verhalten ist jedoch eine totale Überforderung und führt zu extremem Dauerstreß, da es jeden Tag Anlässe geben kann zu vermuten, daß jemand heute von mir enttäuscht ist: Vielleicht habe ich ihn oder sie heute morgen nicht ganz so freundlich begrüßt wie sonst üblich. Oder ein anderer hat mir ein persönliches Problem anvertraut, und ich habe erst im nachhinein den

Eindruck bekommen, er habe mir das alles nur erzählt, weil er sich von mir Hilfe erwartete. Wie auch immer, es gibt täglich Gründe, mißtrauisch zu werden und sich ängstlich zu fragen: „Habe ich es wirklich allen recht gemacht?"

Angstphantasien können sich verselbständigen

Wer in dieser Weise ständig in den Köpfen seiner Mitmenschen umhergeistert, wird mehr von Phantasien über das vermutete Denken und Fühlen seiner Mitmenschen getrieben sein, als von deren tatsächlichen Bedürfnissen und wird sich dabei selber immer weniger wahrnehmen und spüren können.

Wir müssen lernen, es ein Stück auszuhalten, wenn andere über uns enttäuscht oder verärgert sind. Ich muß mir meine Daseinsberechtigung nicht nur von der Zustimmung und Begeisterung meiner Mitmenschen holen. Und wenn ich wissen will, was die anderen von mir erwarten und wie sie mich sehen, dann kann ich sie direkt danach fragen, und dann kann ich immer noch entscheiden, wie ich darauf reagieren will.

Auch als Seelsorger erlebt man, daß manche mit einem unzufrieden und verärgert sind, manchmal auch dort, wo man meint, sein Bestes gegeben zu haben. Anfangs ist das recht verunsichernd, wenn man meint, man habe etwas gut gemacht und auch entsprechend viel Mühe aufgewendet, und dann unerwarteten Ärger, ja vielleicht sogar wütende Kommentare als Reaktion bekommt.

Es ist wichtig, daß wir Kritik ernst nehmen, aber das heißt nicht, daß wir gleich panisch reagieren müssen, wenn jemand an uns etwas auszusetzen hat. Es gibt einen befreienden und klärenden Satz bei den Spielregeln der Kritik, den der Kritisierte dem Kritiker sagt:

„Ich werde deine Kritik ernst nehmen und deine Worte bedenken; sie helfen mir, die Wirkungen meines Tuns besser zu erkennen, aber du darfst nicht erwarten, daß ich so werden kann oder will, wie du mich haben möchtest."

Es ist sicher für viele verunsichernd und manchmal sogar angstmachend, entdecken zu müssen, daß man von Mitmenschen anders erlebt wird, als man sich selbst empfindet. Diesen Unterschied gilt es aber zuzulassen und auszuhalten und ihn als Impuls für Gespräche zu nutzen.

Wer sich ständig grübelnd in den Gedanken und Herzen seiner Mitmenschen aufhält, findet keinen Frieden in sich, ist selbst innerlich besetzt von anderen und kann kaum erkennen, was er eigentlich selbst will.

Das ist, so glaube ich, der Grund, warum die Tochter im o. g. Beispiel keine Zärtlichkeiten bei der Mutter sucht, denn Kinder wollen dabei nicht nur einen angenehmen, warmen Hautkontakt, sondern sie möchten das „Ich" der Mutter, ihr Selbstbewußtsein, erspüren.

Deswegen empfehle ich jungen Eltern bei einem Taufgespräch oft:

Wenn sie etwas Gutes für ihr Kind tun wollen, tun sie etwas Gutes für ihr eigenes Selbstwertgefühl. Achten sie darauf, daß sie in sich selbst zu Hause sind, es in sich selbst mit allen dort aufsteigenden Gefühlen aushalten; denn dieses Selbstwertgefühl holt sich das Kind ganz von selber, da brauchen sie keine Erziehungsmaßnahmen zu ergreifen.

Angst und Schuldgefühle

Der Kampf jener Mutter um Anerkennung durch ungewöhnliche Hilfsbereitschaft ließ vermuten, daß sie auf der Flucht vor etwas Schmerzhaftem in ihrer Lebensgeschichte war, und die Verdrängung starker, unangenehmer Gefühle bei ihr verhinderten, sich selbst zu spüren, es in sich selbst auszuhalten, sich selbst umfassend zu bejahen.

Es stellte sich heraus, daß sie im Alter von 10 Jahren ihre Mutter verloren hatte. Kinder, die einen Elternteil verlieren, können schlimme Schuldgefühle bekommen. Denn Kinder leben noch extrem subjektiv, d.h. sie beziehen die Ereignisse um sich her auf ihr eigenes Verhalten. Auch für einen so schlimmen Schicksalsschlag wie den Tod eines Elternteils fühlen sie sich verantwortlich. Sie geben sich selbst die Schuld, indem sie fragen: „Was habe ich denn angestellt, was habe ich denn falsch gemacht, daß die Mutter oder der Vater mich verlassen hat?"

Da aber kein konkretes Verhalten als schuldhaft erinnert werden kann, verallgemeinert sich das Schuldgefühl auf das gesamte Verhalten und verursacht eine angsterfüllte Unsicherheit und ein diffuses Minderwertigkeitsgefühl. Manche Menschen mit einem solchen Schicksal werden extrem ehrgeizig und versuchen dadurch, ihre Schuldgefühle zu kompensieren, andere werden extrem autoritätshörig und unterwürfig, da die Angst vor dem Schmerz aus dem Inneren dazu verleitet, „wegzuschauen" von dem, was innerlich da ist oder aufsteigen könnte. Da durch diese Angst die Signale der Seele nicht mehr vernommen werden, verliert man ein Stück inneren Halt und innere Orientierung und sucht nach Ersatz in der Orientierung an äußeren Autoritäten.

Wieder andere werden extrem hilfsbereit und selbstlos, um dadurch in den Augen ihrer Mitmenschen liebenswert und wertvoll zu erscheinen.

Aber solche Hilfsbereitschaft kann zu einer gefährlichen Sucht nach Anerkennung und Liebe werden, die das Leben in eine einzige Hetze und Rastlosigkeit treibt.

Der Tod eines Elternteils kann also „die Angst, nichts wert zu sein", nicht liebenswert zu sein, extrem steigern. Die eigene Liebe und Selbstlosigkeit gegenüber den Mitmenschen – geleistet in der Hoffnung, dadurch wertvoll und liebenswert zu werden – löst diese Angst jedoch immer nur für den Zeitraum, in dem man es zu schaffen meint, sich seine Liebenswürdigkeit „verdienen" zu können. Eine „selbst erwirtschaftete", eine „verdiente" Liebe und Anerkennung ist aber kein stabiler innerer Seelenzustand, sondern so flüchtig wie der Stimmungswechsel unserer Gefühle. Das schafft keinen inneren Frieden, keine innere Entspannung und Ausgeglichenheit, kein stabiles Selbstwertgefühl, keine innere Angstfreiheit.

Die Angst, nichts wert zu sein, die von emotionalen Überforderungen aus der Kindheit stammt, ist ein Signal des Unbewußten, daß eine wichtige seelische Aufgabe nachgeholt werden müßte. In dem Beispiel der Frau, die es allen recht machen wollte, ist der Weg der Trauer und die bewußte Verabschiedung der Mutter nachzuholen, da dies dem damals zehnjährigen Kind nicht möglich war. Das könnte z.B. durch einen ausführlichen Abschiedsbrief geschehen, in dem man allen Gedanken und Gefühlen freien Lauf läßt. (Vgl. Anhang S. 117f.) Da tauchen bei manchen nicht nur Aussagen über Schmerz, Trauer und Sehnsucht auf, sondern auch über ihren Zorn darüber, als

Kind von der Mutter oder vom Vater verlassen worden zu sein. Aber diese Ehrlichkeit ist notwendig, damit hinter solchen Gefühlen der Entrüstung am Ende des Trauerweges die Gefühle der Verbundenheit und der Liebe wieder auftauchen und sich behaupten können.

Wer aber die seelischen Aufgaben nicht erkennt und erledigt, wird unter Umständen ein Leben lang versuchen, durch vorzeigbare Leistung, in welchem Lebensbereich auch immer, sich und anderen die Werthaftigkeit des eigenen Daseins zu demonstrieren bzw. bewußt zu machen. Da dies die gesellschaftlich anerkannteste und verbreitetste Form einer problematischen Weise der Angstbewältigung darstellt, müssen wir sie noch näher betrachten.

Leistung und Werte

Typische Leistungsformen und Leistungsergebnisse sind: *Arbeit, Fleiß, Reichtum, Wohlstand, Bildung, Wissen, Schönheit, Lust, Macht, Einfluß.*

Es handelt sich bei all diesen Begriffen um echte Werte. Auch Macht zum Beispiel ist ein Wert, denn er bedeutet, daß wir etwas „machen können", nicht hilflos und ohnmächtig sind. Aber jeder dieser Werte kann sich auch negativ auswirken bzw. mißbraucht werden, je nach dem, wie wir damit umgehen.

Menschliche Werte stehen im alltäglichen Lebensvollzug eines Menschen und der Gesellschaft nicht gleichbedeutend und beziehungslos nebeneinander, sondern sie haben einen inneren Zusammenhang, und sie müssen sich entweder einer polaren oder hierarchischen Ordnung fügen, sonst können sich Werte destruktiv auswirken.

Dies gilt auch für die oben angeführten Werte. So ist zum Beispiel Fleiß und der dadurch erwirtschaftete Wohlstand durchaus ein Wert. Aber wenn in der Erziehung das Fleißig-Sein an die erste Wertstelle gerät, dann ist in der Bedürfnis-Hierachie und in der vorgegebenen Werte-Ordnung der kindlichen Seele etwas in gefährlicher Weise in Unordnung geraten.

So erzählte mir eine siebzigjährige Frau, daß ihre Eltern zu den Kindern (es waren zehn an der Zahl) immer wieder sagten: „Seid immer fleißig und sparsam, dann mögen euch alle Leute!"

Das klingt gut. Und Wort und Beispiel der Eltern haben es tatsächlich bewirkt, daß alle Kinder fleißige und zuverlässige Menschen geworden sind. Aber wenn man sie ein wenig näher kennt, spürt man bei jedem Spuren von Minderwertigkeitsgefühlen.

Ich bin überzeugt, dies rührt daher, daß in der Werteordnung der Eltern etwas fehlte, daß an der Spitze der Werte-Hierarchie ein falscher Wert stand. Denn wenn dieser genannte Satz der Eltern zu häufig zu hören ist, bekommen die Kinder den Eindruck, auch für die Eltern gelte, daß sie die Kinder besonders oder vielleicht nur dann wirklich mögen, wenn die Kinder immer fleißig sind. Wenn aber der Fleiß an der Spitze der Werte-Hierachie steht, dann ist der wichtigste Wert im Leben für ein Kind nicht vorhanden:

Der wichtigste Wert für ein Kind ist nämlich die Erfahrung, von den Eltern geliebt und bejaht zu sein, einfach weil man da ist, weil man ihr Kind ist. „Wir haben dich gern, du gehörst zu uns, so wie du bist." – „Wir haben dich als Geschenk Gottes angenommen."

Solche Sätze vermitteln einem Kind eine Werthaftigkeit des eigenen Daseins vor aller Leistung und vor aller Erwartung, die die Eltern und andere Menschen an einen haben können. An der Spitze der Werte-Hierarchie muß also die Erfahrung bedingungsloser Liebe und Daseinsberechtigung stehen.

Da aber in der üblicherweise zu beobachtenden Werte-Ordnung der Gesellschaft die Spitze der Werte-Hierarchie fehlt, versuchen die meisten Menschen mit zweitrangigen Werten, „die Angst, nichts wert zu sein" zu bekämpfen. Dies ist aber nicht in nachhaltiger Weise möglich, sondern hat vielfältige zerstörerische Auswirkungen. Das Fehlen der Spitze der Werte-Hierarchie ist nicht irgendeine nebensächliche Unordnung im seelischen und gesellschaftlichen Leben, sondern eine fundamentale Pervertierung. Ein Beispiel kann dies verdeutlichen:

Die Hierarchie der Werte ist entscheidend!

Der Leiter eines international tätigen Management-Instituts wurde gefragt, worauf es denn ankomme, daß ein Unternehmen Erfolg habe. Er antwortete:

„Daß das Unternehmen eine Vision hat. Denn die Vision gibt eine Richtung an, löst einen Vorwärtsdrang aus und zeigt zudem, in welche Richtung sich nicht zu gehen lohnt. Die verfügbaren und immer begrenzten Kräfte können zielsicher ins Spiel gebracht werden." (In: Paul M. Zulehner, Das Gottesgerücht, Düsseldorf 1987, S. 11.)

Wenn wir diese Manager-Aussage interpretieren, geht es also darum, eine Wertespitze in der Werte-Hierarchie eines Unternehmens zu finden, durch die die Mitarbeiter nicht einem materiellen Ziel (z. B. Kapitalanhäufung) untergeordnet und damit verzweckt werden, sondern einem gemeinsamen geistigen Wert, einer „Vision" dienen. So kann das Unternehmen alle vorhandenen Kapazitäten und Werte, alle Geldmittel, alle technischen Mittel, alle Organisationsstrukturen und auch alle Mitarbeiter optimal einsetzen und die vorhandenen Kräfte effektiv bündeln. Von der Spitze der Werte-Hierarchie her werden alle anderen Werte geordnet. Und wenn diese Spitze ein geistiger Wert ist, lassen sich auch Menschen mit ihrem Würdebewußtsein zu hohem Arbeitseinsatz motivieren, ohne sich ausgebeutet zu erleben. Natürlich werden manche die Frage stellen, ob ein Wirtschaftsunternehmen diese Rede von einer „Vision" als taktischen Schachzug moderner Personalführung einsetzt und insgeheim die Spitze der Wertehierarchie doch die Gewinnsteigerung der Unternehmensleitung ist. In Krisensituationen wird sich dies herausstellen und dann entweder große Entäuschung oder aber gesteigerte Solidarität der gesamten Belegschaft auslösen.

Von der Spitze der Wertehierarchie her werden alle anderen Werte geordnet. Dies gilt auch für die Werte-Hierarchie im Leben eines Menschen und der Gesamt-Gesellschaft. Wenn zweitrangige Werte wie Arbeit und Wohlstand die erste Stelle einnehmen, entsteht der berühmte „Kapitalismus", der den Menschen nur nach seiner Leistungsfähigkeit bzw. nach seinem Vermögen bewertet.

Das allbekannte Motto lautet: „Hast du was, dann bist du was." Aber: „Hast du nichts, was bist du dann?" Das ist nämlich die entscheidende Frage! Wenn diese Frage positiv beantwortet werden kann, ändert sich die Bedeutung des „Habens".

Alte und neue Baalsgötter

Schon im Alten Testament ist das oben genannte Problem eine entscheidende Frage, für die in der Auseinandersetzung des israelitischen Glaubens mit den sogenannten Baalsreligionen um eine Antwort gerungen wird.

Die Baalsgötter waren Fruchtbarkeitsgötter. Die Fruchtbarkeit der Tiere war die Lebensgrundlage der Wanderhirten, die Fruchtbarkeit der Felder wie auch der Tiere war die Basis für das Überleben, aber auch für Wohlstand und Ansehen in der Ackerbau-Kultur, also bei den seßhaft gewordenen Volksgruppen.

Und auch die Fruchtbarkeit der Menschen gab der Großfamilie oder dem Nomaden-Clan viele Arbeitskräfte und eine starke, wehrtüchtige Mannschaft gegenüber einem äußeren Feind.

Die Fruchtbarkeit der Natur hat also das Leben der Menschen nicht nur hervorgebracht, sondern es auch gesichert und Zukunft ermöglicht. Deshalb ist es verständlich, daß die Sexualität der Tiere wie auch der Menschen und die Fruchtbarkeit der Felder als göttliche Kräfte verehrt, ja als Götter selbst personifiziert wurden. Fruchtbarkeit war der oberste Wert und das von den Göttern am meisten erflehte Gut.

Wer nun durch die Fruchtbarkeit der Tiere, der Felder und durch viele Kinder zu Reichtum und Ansehen oder gar zu Macht und Herrschaftspositionen kam, glaubte sich von den Fruchtbarkeitsgöttern bevorzugt oder belohnt.

Der Reiche und Mächtige galt als Liebling der Götter. Der Mächtigste im Land, der Pharao, der Besitzer und Beherrscher des ganzen Volkes und der Schätze des Landes galt als Sohn Gottes. Der

Arme und Ohnmächtige schien von den Göttern vergessen oder bestraft zu sein.

Die primäre Rangstellung der Fruchtbarkeitsgötter führte zur Vergöttlichung und religiösen Absicherung des sozialen Unterschieds und damit zur Verfestigung und Stabilisierung sozial ungerechter Verhältnisse.

Ausbeutung, Unterdrückung und Gewaltherrschaft, also der Erfolg der Mächtigen auf Kosten der Schwächeren, erschien als Werk der Götter.

Die Gotteserfahrung Israels

Das Volk Israel aber machte eine ganz andere Gotteserfahrung. Sie selbst waren nämlich in Ägypten auf der untersten Stufe der sozialen Ordnung. Sie waren Sklaven, unfrei und unterdrückt. Sie schienen von den Göttern vergessen.

Aber die Israeliten erlebten in der Botschaft und im Handeln des Mose Gott auf ihrer Seite. Der wahre Gott, so verkünden auch später die Propheten, sei der, der sie zu Solidarität und Rücksichtnahme untereinander führt, der sie innerlich in Gerechtigkeit und Achtung voreinander verbindet, der sie davor warnt, Herrschaft und Ausbeutung untereinander zuzulassen.

Nicht also, was die Menschen in äußerem Wohlstand und gesellschaftlicher Rangordnung voneinander unterscheidet, sondern was sie innerlich in Mitgefühl und Solidarität verbindet, sei das Werk Gottes.

Ihr Gott und die Kraft, die sie von ihm empfangen, führt sie zur Flucht aus der Unmündigkeit und Unterdrückung und zum Kampf für gleichberechtigte Freiheit.

Daß der einzelne also einen Platz der Achtung und Gerechtigkeit in der mitmenschlichen Gemeinschaft wie auch im Volk und im Land bekommt, ist der erste Wert, den der Glaube vermittelt, den der Gott Israels in den Menschen wecken will. Diese Gottesvorstellung stand in krassem Widerspruch zu den Fruchtbarkeitsgöttern.

Es geht hier aber nicht um eine „Gut-Böse"-Alternative, sondern um die Frage, welcher Wert an der Spitze der Werte-Hierarchie steht: die Werte, die die Menschen innerlich miteinander verbinden oder die Werte, die die Menschen äußerlich voneinander unterscheiden, die sie gegeneinander aufbringen und dann innerlich voneinander trennen können.

Die Werte-Frage heute

Daraus ergibt sich auch für jeden von uns heute die Frage: Wofür setze ich die meisten Kräfte in meinem Leben ein, worum bemühe ich mich am meisten? Um das, was mich mit anderen Menschen innerlich verbindet: um Vertrauen, Wertschätzung, Achtung voreinander, Solidarität usw., oder um das, was mich von anderen äußerlich durch äußere Werte wie Aussehen, Ansehen, Besitztümer und Karriere unterscheidet?

Nach diesem Kriterium läßt sich auch die Christlichkeit unserer Kultur bedenken: Leben wir in einer „christlichen" Gesellschaft, in der die Sorge und das Bemühen um das Gemeinschaftstiftende, der innere Friede und das Selbstwertgefühl des einzelnen wichtiger sind als die materiellen Werte, durch die man sich von anderen abheben will, die, wenn sie an die Spitze der Wertehierarchie geraten, vor allem rücksichtsloses Konkurrenzdenken, Neid und Egoismus hervorbringen?

Wenn die rechte Rangordnung der Werte nicht

eingehalten wird, leidet die Seele. Solche Schmerzen und Ängste werden aber oft verdrängt oder verheimlicht, wie das Beispiel von einem Mann mir deutlich machte, der seit Monaten nicht mehr schlafen konnte. Es stellte sich heraus, daß vor einem halben Jahr seine Mutter gestorben war und er wegen beruflicher Anspannung keine Zeit aufbringen wollte, von ihr innerlich Abschied zu nehmen und den Weg der Trauer zu gehen.

Die wichtigen beruflichen Aufgaben, die ihn zur gleichen Zeit forderten, wollte er nicht zurückstellen, da diese für den augenblicklichen Karriereweg sehr bedeutungsvoll waren. So hat er wie ein guter Manager alle Beerdigungsangelegenheiten korrekt und gewissenhaft erledigt, aber die Verabschiedung der Mutter innerlich nicht vollzogen.

Die Seele dieses Mannes hat begonnen, gegen dieses Verhalten zu protestieren. Es gehört zu den unabdingbaren seelischen Gesetzen und Pflichten eines Menschen, einen Elternteil nach dessen Tod in rechter Weise zu verabschieden. Die dabei auftretende seelische Lähmung gegenüber bisherigen Alltagsanforderungen und die Weltabgewandtheit, die die Trauer über den Tod eines nahen Angehörigen auslöst, müssen angenommen und durchgestanden werden. Dieser vorübergehende Rückzug aus der Welt, um seelisch beim Verstorbenen zu sein, ist eine wichtige Weise, die Beziehung zu diesem Menschen zu würdigen. Wer diese Leistungsbeeinträchtigung für äußere Dinge in der Zeit der Trauer nicht akzeptieren und aushalten will, dem verschließen sich wesentliche Kraftquellen aus den Tiefenschichten der Seele für sein weiteres Leben. Denn recht gelebte Trauer ist wie ein wertvoller seelischer „Humus" für das weitere Leben.

Natürlich lösen wochenlange Schlafstörungen für einen beruflich engagierten Menschen große Ängste und Unsicherheitsgefühle aus. Aber auch hier gilt, wer diese Angst nicht durch Medikamente zu bekämpfen versucht, sondern ihre Botschaft zu verstehen sich bemüht, der wird die Entwicklungsgesetze seiner Seele besser verstehen und in rechter Weise mit ihnen umgehen.

Gesunde Selbstliebe heißt in diesem Fall, nicht unbedingt die Karriereleiter hochzusteigen, sondern das eigene Gefühls- und Seelenleben ernstzunehmen und die Rangordnung der Werte einzuhalten.

Die Spur der Angst hinter der Leistung

Die Leistung als Methode gegen „die Angst, nichts wert zu sein", kann fundamentale Angstanteile nicht beseitigen:
- die Angst voreinander im Konkurrenzkampf;
- die Angst vor Verlust;
- die Todesangst.

Im Werte-Reich der Leistung spielt Konkurrenzkampf, Neid und rücksichtsloses Sich-nach-vorne-Drängen eine große Rolle. Es gibt immer Leute, die sind noch fleißiger oder reicher oder hübscher oder intelligenter als man selbst.

So wird das Leistungsleben zur Existenz auf einer riesigen Stufenleiter, wo Menschen im Kampf um ihre Daseins-Berechtigung und ihren Daseins-Wert nach oben hecheln und nach unten treten und nicht selten der Kampf um jede einzelne Stufe zur Frage von Sein und Nicht-Sein wird.

Und hat man einiges geschafft und sich angeeignet, läßt der Lauf der Zeit, das eigene Altern oder irgendwelche unvorhergesehenen Ereignisse und Schicksalsschläge das Erreichte wieder zerrinnen.

Wenn an der Vergänglichkeit der äußeren, vorzeigbaren Werte der eigene Selbstwert hängt, kann der tägliche Zahn der Zeit einem den Schlaf rauben und die Seele in ständige ängstliche Unruhe stürzen.

Der größte Feind der Baalsreligion, wie auch des Kapitalismus, ist die Vergänglichkeit und der Tod.

Auch wenn mancher Grabstein in seiner imposanten, materiellen Werthaftigkeit einen bleibenden Wertunterschied unter den Menschen demonstrieren will, ist das Wissen um den Tod in seiner gleichmachenden Wirkung durch die Zerstörung des körperlichen Lebens eine vernichtende Erfahrung für die Sinnhaftigkeit des repräsentativen Äußeren.

Das letzte Hemd hat keine Taschen. Diese Erkenntnis macht deutlich, daß die Werthaftigkeit des Lebens durch den Tod radikal in Frage gestellt wird. Entsprechend wichtig wird deshalb die Suche nach dem, was die Menschen auch jenseits der Todesschwelle und über die Todesschwelle hinweg miteinander verbindet.

Verlustangst, Konkurrenzangst und Todesangst wachsen um so stärker, je mehr äußere und materielle Werte an die Spitze der Werte-Hierarchie eines Menschen geraten.

Angstbekämpfung durch „religiöse Leistung"

Als vierte Methode der Angstbekämpfung betrachten wir nun die religiöse Leistung. Sie ist ähnlich problematisch und gefährlich wie die anderen bisher beschriebenen Methoden.

Als religiöse Leistungen gelten vor allem:
- das Einhalten der Gebote der Religion;
- gute Werke tun;
- Opfer bringen.

Ziele dieser Leistungen sind bei den meisten Gläubigen: Gott gnädig zu stimmen und sich den Himmel zu verdienen. „In den Himmel kommen zu dürfen", war lange Zeit der Inbegriff der Werthaftigkeit des Lebens. Er stand gleichzeitig im Zusammenhang mit der Angst vor der Hölle, die dem Sünder und Ungläubigen angedroht wurde. Sich das Anrecht auf den Himmel verdienen zu können und bewahrt zu bleiben vor ewiger Verdammnis, war für den gläubigen Menschen jahrhundertelang der entscheidende Ansporn für jede religiöse Leistung und damit für die Hoffnung, endgültig befreit zu werden von der „Angst, nichts wert zu sein". Bei dieser problematischen christlichen Menschheitspädagogik mit Zuckerbrot und Peitsche, d.h. mit der Ankündigung himmlischer Belohnung bzw. teuflischer Bestrafung die Gläubigen zu einem kirchlich gewünschten Verhalten zu bewegen, war deren Angst vor der „Peitsche" meist viel mächtiger für die Motivation ihres religiösen Verhaltens, als die Freude auf das „Zuckerbrot".

Wie sehr dieses Denken auch heute noch manche Kirchgänger prägt, mag ein Beispiel zeigen, das mir ein älterer Kollege aus dem seelsorglichen Bereich erzählte:

Er hatte in seinen Predigten gezielt versucht, das Bild von einem strafenden Gott abzubauen. Da wurde ihm von einem Gläubigen aus seiner Gemeinde, der früher gewissenhaft jeden Sonntag am Gottesdienst teilgenommen hatte, gesagt, daß ihn diese Predigten innerlich entlasten und frei machen, aber daß er jetzt auch nicht mehr jeden Sonntag zur Kirche komme, weil er früher doch auch aus Angst vor der Strafe Gottes so gewissenhaft regelmäßig gekommen sei.

Wer also die angstbesetzten Bilder von Gott als Pfarrer abbaut, muß eventuell mit abnehmendem Kirchenbesuch rechnen. Vielleicht gibt es deshalb heute noch manche Kirchenobere, die entschieden dagegen sind, die Angst vor Gott abzubauen. Aber vielleicht besteht die größere Vertreibung von Gottesdienstbesuchern doch in einer entmündigenden und angstmachenden Glaubensvorstellung, die durch manche Verkündigungsinhalte immer noch vermittelt wird. Und diese Gemeindemitglieder verlieren dann oft ganz den Kontakt zur Gottesdienstgemeinde, während der oben genannte, von Gottesängsten Befreite, sich weiterhin zur Gottesdienstgemeinde dazugehörig weiß und wenn er kommt, vielleicht mit größerer Freude und mit mehr innerem Gewinn beteiligt ist.

Ein anderes Beispiel: In der katholischen Kirche war Sexualität auch in der Ehe nur erlaubt, wenn sie mit der grundsätzlichen Bereitschaft, ein Kind zu zeugen, verbunden war. Alles andere galt als schwere Sünde und hatte das Verbot des Kommunionempfangs zur Folge bzw. bei einem überraschenden Tod mußte – so verkündete man den Gläubigen – mit der ewigen Verdammnis gerechnet werden. Aber nicht alle katholischen Christen waren zu dieser geforderten „religiösen Leistung" bereit. Ich kenne einen älteren Herrn, der in jüngeren Jahren bei der Osterbeichte von seinem Pfarrer gefragt wurde, warum er nur zwei Kinder habe, obwohl doch seit der Geburt des letzten schon mehrere Jahre vergangen seien. Als er auf seine wirtschaftlich nicht so reich bemessenen Verhältnisse als Arbeiter hinwies, meinte der Pfarrer: „Wo ein Häschen, läßt Gott auch ein Gräschen wachsen." Darauf der Beichtende: „Herr Pfarrer, meine Kinder fressen leider kein Gras."

Anders bei einer achtzigjährigen Frau, die mit ihrem Mann sieben Kinder groß gezogen hatte. Sie erzählte, der Beichtvater in einer Klosterkirche habe ihr gedroht, ihr die Lossprechung ihrer Sünden zu verweigern, wenn sie ihm nicht versprechen könne, keine kirchlich unerlaubten Methoden der Empfängnisverhütung anzuwenden. Die Absolution verweigert zu bekommen, bedeutete damals für die gläubigen Katholiken, in der Hölle zu landen, wenn man durch einen Unfall einen unvorhergesehenen Tod zu erleiden hätte. Man kann sich wohl nur schwer vorstellen, welche Ängste die Menschen hatten, einerseits vor den eigenen sexuellen Bedürfnissen oder denen des Ehepartners, andererseits davor, bei so vielen Kindern noch einmal schwanger zu werden und außerdem durch eine Gebotsübertretung der ewigen Verdammnis sich auszuliefern. Diese Ängste konnten die grundsätzliche Angst des Menschen, nichts wert zu sein, nicht mildern, sondern nur steigern.

Ein anderes Beispiel: In meiner Jugendzeit behauptete ein angesehener Pfarrer in seiner Predigt: „Der Mensch ist nur so viel wert, wie er Opfer zu bringen bereit ist." Und ich erlebte bei manchen Gläubigen, daß ihre Spendenbereitschaft und auch ihr selbstloser Einsatz in der Pfarrgemeinde weniger vom konkreten Interesse an notleidenden Menschen getragen war, als vielmehr von der religiösen Verpflichtung, Opfer zu bringen, weil man erst dadurch bei Gott ein wertvoller und akzeptabler Mensch werde.

Es steht für mich außer Zweifel, daß es sich bei den religiösen Leistungen jeweils um wirkliche Werte handelt. Nur gilt auch hier dasselbe wie bei den sogenannten weltlichen Werten: Wenn die Rangordnung und Reihenfolge nicht stimmt, können viele Werte sich negativ, ja sogar zerstörerisch auswirken.

Gebote können die Zielsuche nicht ersetzen

Beginnen wir mit dem Wert, die Gebote der Religion zu halten. Ich möchte sie vergleichen mit dem Wert der Gebote in einem anderen menschlichen Lebensbereich, im Straßenverkehr. Die Straßenverkehrsordnung mit ihren Geboten und Vorschriften, die sich zum großen Teil in den Verkehrsschildern äußern, ist wohl in ihrem Wert unumstritten. Und wir kennen das Glücksgefühl eines Achtzehnjährigen, der nach Monaten des Fahrschulunterrichts endlich in das Auto steigen kann und losfahren darf, ohne den Fahrlehrer neben sich sitzen zu haben. Er mußte sich die Gebote des Straßenverkehrs nicht nur theoretisch aneignen, sondern auch mit Händen und Füßen einüben. Die Wichtigkeit dieser Gebote erfordert es, sie nicht nur im Kopf zu haben, sondern sie müssen im ganzen Körper einprogrammiert sein.

Und wenn dann unser neugebackener Führerscheinbesitzer losfährt und nach einer Stunde Fahrt zurückkommt, könnte er vielleicht stolz verkünden, daß er alle Straßenschilder gesehen und alle Gebote des Straßenverkehrs befolgt habe.

Aber wenn ich ihn frage, was das Ziel seiner Fahrt gewesen sei und er zugibt, daß er kein Ziel hatte, er habe nur auf einem zufällig gewählten Weg die Verkehrsschilder beachtet und damit die Gebote des Straßenverkehrs eingehalten, dann wird deutlich, daß diese Gebote und ihre Einhaltung noch keinen Sinn für sich selber darstellen.

Entscheidend ist doch, daß wir wissen, wo wir hinwollen, daß wir Ziele haben. Die Gebote haben den Sinn, uns auf dem Weg zu unseren Zielen unnötige gegenseitige Behinderungen und Unfälle zu ersparen; sie erleichtern uns den Weg zum Ziel, damit wir möglichst gut ankommen.

Aber haben nicht viele Christen jahrhundertelang kirchliche und religiöse Gebote vor allem um ihrer selbst willen befolgt, ohne sich um die viel wichtigere Frage zu bemühen, was die Ziele ihres Lebens seien, was die Sinngehalte, was die Berufung ihres Daseins sei? Diese vorrangige Aufgabe wurde kaum thematisiert und bewußt gemacht und entsprechend vernachlässigt.

So haben Generationen von Kindern schon im Beichtunterricht gelernt, in erster Linie die Gebote zu kennen und einzuhalten, statt daß sie gelernt hätten, die Originalität ihres Lebens und der darin liegenden Sinngehalte zu entdecken.

Man soll das eine tun, aber das andere nicht lassen.

Im Christentum geht es zunächst um Ziele und um den Wert des Daseins, dann erst um Methoden und Hilfen, Ziele zu erreichen und Werte zu verwirklichen.

Das Christentum ist eben nicht in erster Linie ein Moralsystem, sondern ein Glaube, der Antwort geben will auf die Sinnfrage des Lebens. Zuerst kommt die Frohbotschaft und dann erst die moralischen Konsequenzen.

Dies gilt auch schon für die alttestamentlichen Zehn Gebote. In meiner Kindheit wurden nur die Zehn Gebote selbst auswendig gelernt, aber nicht das Wichtigste, die Einleitung, die eine Art Präambel darstellt, in der der Sinn-Horizont der folgenden Gebote-Formulierungen enthalten ist. Denn dort heißt es: „Ich bin Jahwe, dein Gott, der dich aus Ägypten geführt hat; aus dem Sklavenhaus" (Ex 20,2).

Zuerst wird an die Geschichte der Befreiung erinnert, daß ein Weg aus der Unmündigkeit und Unterdrückung stattgefunden hat, und daß dies das Werk und der Wille Gottes sei. In dieser Einleitung zu den Zehn Geboten drückt sich für den Gläubigen der primäre göttliche Wille aus, den Weg der Freiheit zu zeigen. Die Gebote selbst sind von dieser Freiheitserfahrung und von diesem Ziel der Mündigkeit her zu verstehen.

Gebote und Vorschriften zu verkünden ohne einen übergeordneten Sinnzusammenhang, hat entmündigende Wirkung.

Der Mensch will um seiner selbst Willen geliebt werden

Ähnlich problematisch ist die religiöse Leistung der „guten Werke" zu sehen. Natürlich will ich gute Werke nicht schlecht machen, aber auch hier gilt es, das seelische Umfeld und damit den Sinn von guten Werken zu bedenken.

Aufschlußreich dazu ist die Erzählung einer Ordenskrankenschwester: Es wurde ihr von einer Patientin die Frage gestellt: „Schwester, warum sind sie eigentlich so gut zu mir?" Die Patientin fühlte sich seelisch und körperlich hervorragend versorgt und betreut.

Die Ordensschwester antwortete ganz im Sinne ihres Berufungsverständnisses, mit einem Fingerzeig auf das Kreuz an ihrer Brust: „Wegen ihm, wegen Jesus Christus."

Darauf die Patientin mit einem leicht enttäuschten Unterton: „Ein wenig hatte ich gehofft, auch wegen mir."

Der Mensch will nicht nur „um Gottes willen" geliebt werden, sondern um seiner selbst willen. Die Frage ist daher, ob sich Menschen in unseren sogenannten „guten Werken" wirklich wahrgenommen und ernst genommen erleben.

Das gilt auch für gute Werke in Form von Almosen für die Menschen in den armen Ländern der Erde. Ein Nordafrikaner sagte vor 20 Jahren an die Adresse der Europäer: „Wir wollen Gerechtigkeit, nicht Almosen."

Diese Menschen hatten in der Erfahrung mit Entwicklungshilfe erlebt, daß man ihnen zwar Hilfe schickte, aber weder sich für die Hintergründe ihrer Probleme, noch für ihre Kultur und Lebensart ernsthaft interessierte. Hat mancher christliche Almosengeber nur das Ziel, ein gutes Werk zu tun, um sich dadurch wertvoll vor Gott und den Mitmenschen zu machen? Auf diese Weise können hilfsbedürftige Menschen zu einer Art seelischer Stufen degradiert werden, über die hinwegschreitend man selber in den Himmel kommen will. Dann ist nicht der Mensch, der der Hilfe bedarf, wirklich wichtig, sondern das gute Werk, das ich an ihm tun kann, ist entscheidend, weil ich dadurch die ewige Seligkeit erreichen kann.

Ein gesunder Glaube weiß: Nicht das gute Werk in sich ist der entscheidende Wert, sondern die

Anteilnahme, das Mitgefühl, das Ernstnehmen und die innere Verbundenheit mit dem bedürftigen Menschen, das sich darin äußert.

„Gerechtigkeit will ich, nicht Opfer"

Genauso ist es mit der religiösen Leistung des „Opferbringens".

Die alte problematische Einstellung dazu drückt sich einmal bei einer jungen Mutter aus, die am Beginn der Fastenzeit bei der Frage nach einer kindgemäßen Gestaltung dieser Zeit meinte, die Kinder sollten möglichst bald lernen, auch Opfer zu bringen, und daß ein wirklich wertvolles Opfer schon auch weh tun müsse, damit es Gott gefalle.

Ich meinte dagegen, daß ein Gott, der Opfer nur um des Opfers willen verlangt, sadistische Züge trägt. Ich bin überzeugt, daß Gott *für sich* von uns Menschen keine Opfer erwartet.

Opfer haben ihren Sinn in der gegenseitigen Hilfsbereitschaft und Solidarität der Geschöpfe untereinander. Gott gönnt uns, so glaube ich, von Herzen die Dinge dieser Welt, wir dürfen sie gebrauchen, sie genießen, uns an ihnen freuen. Aber wir sollen dabei nicht ungerecht und rücksichtslos gegenüber den anderen Geschöpfen sein. Die Bereitschaft zum Opferbringen ist ein fundamentaler Wert, wenn es darum geht, Notleidenden beizustehen, Entwicklungsprojekte in armen Ländern zu finanzieren, aber auch schonender und rücksichtsvoller mit der ökologischen Lebensordnung und vor allem mit den Tieren umzugehen.

Recht verstandenes Verzichten-Können in diesem Sinn ist ein Zeichen der Wahrnehmungsfähigkeit für das Vernetztsein unseres Lebens mit anderen Menschen und Geschöpfen, der Empfindsamkeit für die Auswirkungen unseres eigenen Verhaltens, ist ein Ausdruck des Mitgefühls und der Verantwortung gegenüber den gefährdeten Lebensrechten des Mitmenschen, ein Gespür für die mißachtete Würde und die blockierte Entfaltung des anderen.

Opfer sind immer dann problematisch, wenn sie den Eindruck erwecken, man gebe von seinem Besitz großzügig etwas ab, um zu beweisen, welch ein wertvoller und guter Mensch man sei. Die einen wollen dies ihren Mitmenschen, andere wollen es Gott beweisen. Wieder andere sehen ihre Beziehung zu Gott vor allem als ein ständiges Geprüftwerden durch den allmächtigen Herrscher, der ihre Treue, ihren Gehorsam und ihre Dienstbereitschaft testet. Ähnlich wird das in der berühmten Geschichte von der sogenannten Prüfung Abrahams durch Gott verstanden, wenn dieser von ihm fordert, seinen Sohn Isaak zu opfern.

Abraham kann ja nur deshalb daran glauben, daß Gott eine solche Forderung an ihn richtet, weil er in seinem Besitzverständnis der Nomadenkultur davon ausgeht, daß er als Vater Besitzer seines Sohnes ist. Wer aber als Vater seine Kinder nicht besitzt, kann nicht auf die Idee kommen, ein Kind zu opfern, oder auf die Idee, daß Gott ein solches Opfer von ihm erwarte.

Im Neuen Testament heißt es in einem Prophetentext: „Barmherzigkeit will ich, nicht Opfer" (Mt 9,13). Also: Eine andere Einstellung der Menschen untereinander ist die Forderung Gottes im Sinne der Botschaft Jesu, nicht ein Sich-verdienen Müssen der Liebe Gottes durch menschliche Großzügigkeit.

Ich denke, daß gute Eltern nicht ständig große Geschenke und Opfer von Seiten der Kinder für sich erwarten, sondern daß es ihre große Freude ist, wenn sie sehen, daß ihre Kinder gut miteinander umgehen, daß sie zur Versöhnung und zur gegenseitigen Hilfsbereitschaft fähig sind, daß sie in schwierigen Situationen einander beistehen und zusammenhalten. Und so glaube ich, ist es auch die Freude Gottes, wenn seine Kinder, die Menschen, gut miteinander umgehen. Christen glaubten früher, manche heute noch, sie müßten sich durch religiöse Leistungen der genannten Art den Himmel verdienen. Aber kann man sich den Himmel Gottes und seine Liebe wirklich verdienen? Oder ist das nicht ähnlich problematisch, wie wenn Kinder meinen, sich die Liebe ihrer Eltern erst verdienen zu müssen?

Nein, so wie seelisch gesunde Eltern ihre Zuneigung und Liebe ihren Kindern von Herzen zu schenken bereit sind, so will uns auch Gott von Herzen seine Liebe und damit seinen Himmel schenken. Das Problem ist, ob wir Menschen in unserem Leben in dieser Welt gelernt haben, „himmlisch" miteinander umzugehen.

Nicht ein Petrus oder die Cherubim versperren uns den Weg in den Himmel, sondern wir Menschen uns gegenseitig. Was ist der schönste Himmel aus der Hand Gottes, wenn wir dort feststellen müssen, daß wir auch von all den Leuten umgeben sind, die wir auf dieser Welt nicht leiden konnten, nicht riechen und schmecken konnten?

Oder aber von den Menschen umgeben sind, denen wir zu Lebzeiten Unrecht und Leid zufügten und deren Anblick ständig Schuldgefühle in uns auslöst?

Wir müssen daher rechtzeitig lernen, einander besser anzunehmen und uns miteinander zu versöhnen. Ich denke, daß dieser seelische Lern- und Versöhnungsprozeß auch nach dem Tod noch weitergeht und diese seelische Entwicklungs- und Heilungsphase mit dem traditionellen Begriff des „Fegefeuers" gleichzusetzen ist.

Dieser Begriff mag zwar für manche merkwürdig klingen, aber ich glaube, daß der Weg der Barmherzigkeit der Menschen untereinander der entscheidende Schritt in jene Welt ist, die wir Himmel und das Jenseits Gottes nennen.

Im sogenannten Fegefeuer müssen wir also noch lernen, mit all den Menschen, die wir im irdischen Leben nicht leiden konnten, liebevoll und verständnisvoll umzugehen. Wenn das kein Fegefeuer ist?

Luthers Problem

Eine andere Zielformulierung für religiöse Leistung lautet: „Gott gnädig stimmen" und sich damit „den Himmel öffnen".

Dieses alte fundamentale Anliegen, „wie bekomme ich einen gnädigen Gott", war auch bei Martin Luther das persönliche Hauptproblem seines Glaubens. Und es war viele Jahrhunderte hindurch das Hauptproblem der Christen schlechthin. Man ging ja davon aus, daß Gott in allmächtiger und allbeherrschender Weise jedes Ereignis auf der Erde lenkt. Die Antwort auf die vielen leidvollen Ereignisse im Leben des einzelnen wie der ganzen Menschheit war: Gott straft und züchtigt und prüft auf diese Weise die Menschen, wobei der Strafgedanke wohl der älteste ist.

In einer statischen Welt, von der man bis in die Neuzeit glaubte, sie sei nur wenige Tausend Jahre alt und deshalb in ihrem jetzigen Aussehen direkt so von Gott erschaffen, war es natürlich schwierig, an einen weisen und liebevollen Gott zu glauben, wenn es so viel Leidvolles gibt.

Die alte Antwort, das alles sei Strafe, weckte natürlich die nächste Frage: Strafe wofür? Die Antwort darauf lautete: Für die Sünde des Ungehorsams der Menschen von Anbeginn ihres Daseins. Ungehorsam galt ja seit Jahrtausenden bei allen Autoritäten der Welt, ob es Familienväter, Lehrer, Priester, Fürsten und Könige waren, als das schlimmste Vergehen. Und so glaubte man wohl, daß auch die oberste Autorität, Gott selbst, ebenso zornig und entrüstet die ungehorsamen Menschen bestraft habe durch Vertreibung und Verbannung aus der göttlich-heilen Welt des Paradieses.

Und er war dann nicht nur einige Tage und Wochen, sondern Jahrhunderte und Jahrtausende verletzt und beleidigt und hielt seine Welt für die Menschen verschlossen. Auch gläubige Menschen wie Abraham und die Propheten hatten keine Chance, in den Himmel zu kommen, denn dieser war immer noch verschlossen. Erst nach Jahrtausenden der Menschheitsgeschichte habe Jesus durch einen grausamen Tod am Kreuz sich als Opfer darbringen müssen, um so den Himmel für uns Menschen wieder aufzuschließen.

Wie sehr diese Vorstellung auch heute noch lebendig ist, zeigen manche Adventlieder, in denen es heißt: „Oh Heiland reiß die Himmel auf, ... reiß ab, wo Schloß und Riegel vor." Oder „Tauet Himmel den Gerechten", wo es dann in der ersten Strophe weiter heißt: „Denn verschlossen war das Tor."

Jesu neues Gottesbild: Der barmherzige Vater

Jesus hat schon vor zweitausend Jahren versucht, diese Gottesvorstellung radikal zu ändern. Mit seinen Gleichnissen und Gottesgeschichten wollte er den Menschen ein neues Bild von Gott zeigen und damit alte Bilder von Gott verabschieden und überwinden.

So ist das Gleichnis vom barmherzigen Vater und dem verlorenen Sohn meines Erachtens eine Anti-Geschichte, eine Verabschiedungsgeschichte für die Erzählung der Vertreibung aus dem Paradies.

Denn der jüngere Sohn aus diesem Gleichnis wird nicht vertrieben, sondern er geht selber. Und als er schwer schuldig wird, weil er das Leben nicht meistert und das Erbe seines Vaters sinnlos verschleudert, findet er – zurückgekehrt zu seinem Vater – keine verschlossene Heimat, kein verschlossenes Vaterherz, kein verschlossenes Paradies. Der hier dargestellte väterliche Gott macht deutlich, daß der Himmel nie verschlossen war, daß Gott die Menschen nie aus seiner Welt vertrieben hat, daß er kein Gott ist, der durch die Menschen oder Jesus Christus erst gnädig gestimmt werden muß.

Jesus macht in diesem Gleichnis deutlich: Das „Problem" ist nicht Gott, sondern sind die Menschen untereinander. Denn Gott im Bild des barmherzigen Vaters wartet geduldig und mit offenen Händen auf den „verlorenen Sohn", er hält Ausschau nach ihm und eilt ihm entgegen, sobald er ihn kommen sieht.

Aber dann hat er ein anderes Problem: Wie kann er seinen älteren Sohn bewegen, seinen Bruder wieder zu akzeptieren, ihm wieder die

Hand zu reichen? Dieser nämlich hat eine tiefe Verachtung und eine innere Verweigerung seinem jüngeren Bruder gegenüber entwickelt. Jesus macht damit deutlich: Das Problem liegt zwischen den Menschen, sie schaffen es oft nicht, einander zu verzeihen, einander barmherzig und verständnisvoll zu begegnen. Zwischen den Menschen gibt es die seelischen Verhärtungen, die Verbitterungen, die Verschlossenheit des Herzens. Es ist Gottes Anliegen, die Menschen untereinander zur Versöhnung zu bewegen. Er ist nicht der ausgrenzende, nicht der strafende Gott, sondern er ist die Quelle des Erbarmens und des Friedens.

Ist der Mensch barmherziger als Gott?

Viele unserer Gebete, die im Bußakt des Gottesdienstes, bei Trauerfeiern und manchen anderen liturgischen Handlungen Gottes Erbarmen erflehen, erscheinen mir problematisch. Ich meine jene Gebete, in denen wir vor Gott füreinander eintreten und um sein Erbarmen bitten, als wären wir Menschen füreinander solidarischer, verständnisvoller und mitfühlender als er für uns.

Im Schuldbekenntnis der Kirche, flehen wir die „selige Jungfrau Maria, alle Engel und Heiligen" und unsere „Schwestern und Brüder" an, bei Gott zu bitten, daß er uns unsere Sünden erlasse. Müssen wir alle möglichen „guten Beziehungen" spielen lassen, um Gott zu bestürmen, um sein Herz zu erweichen?

Auf das Gleichnis Jesu übertragen, würde das heißen, daß der verlorene Sohn heimkommt, der Vater sich aber nicht blicken läßt. Die Mutter läuft ihm über den Weg und dann auch noch sein Bruder und Knechte und Mägde. Und alle bittet er, zum Vater hineinzugehen und für ihn ein gutes Wort einzulegen, damit dieser sich seiner erbarme.

So lautet das Gleichnis aber nicht. Durch solches Beten stellen wir Menschen uns als die Barmherzigeren dar, barmherziger als Gott.

Auch bei Beerdigungen ist zu bedenken, ob es angemessen ist, Gottes Erbarmen für den Verstorbenen zu erflehen. Sollten wir nicht vielmehr Gottes Hilfe erbitten, daß es uns gelingt, den Verstorbenen in rechter Weise zu verabschieden und ihm zu verzeihen und daß wir vom Verstorbenen Verzeihung erlangen, daß eine Versöhnung zwischen Lebenden und Verstorbenen über die Schwelle des Todes hinweg möglich wird? Wenn wir aber das Problem auf Gott verschieben, dann besteht die Gefahr, die tatsächlichen seelischen Probleme zwischen den Menschen zu verdrängen, statt sie zu lösen.

Die Spur der Angst hinter „religiöser Leistung"

Die religiösen Leistungen, die manche Gläubige meinen, direkt für Gott erbringen zu sollen, können neue Ängste wecken:
- Angst, zu wenig gewissenhaft zu sein;
- Angst vor Zweifel;
- Angst vor dem Anspruch anderer Religionen.

Zwanghafte Gewissenhaftigkeit wurde früher in mancher Beichtvorbereitung eingeübt. Eine kindliche Sünde, die man im Beichtbekenntnis unterschlug, machte die Beichte ungültig. Noch heute kommt ein Teil derer, die regelmäßig beichten, von unangemessenen inneren Ängsten getrieben, weil sie immer noch Angst vor einem strafenden Gott haben und das Vertrauen zu einem verständnisvollen und heilenden Vater-Gott in ihrem Denken und Fühlen sich noch nicht durchsetzen konnte.

Die kirchliche Forderung, man solle einst vor Gott möglichst sündenfrei erscheinen, brachte bei einem Teil der Gläubigen etwas Zwanghaftes in ihr religiöses Verhalten. Denn die Vielfalt menschlicher Konfliktsituationen zeigt, daß es kaum möglich ist, sich immer korrekt zu verhalten. Wo die religiöse Gewissenhaftigkeit im Zusammenhang steht mit ewiger Belohnung bzw. ewiger Bestrafung, bekommt jedes Fehlverhalten eine unerträgliche Gewichtung. Auch die Verteufelung sexueller Phantasien als Sünde, durch die angeblich die „Reinheit des Herzens" zerstört werde, wurde für viele zu einer Überforderung ihrer religiösen Gewissenhaftigkeit und führte bei manchen zu Minderwertigkeitsgefühlen und verschlimmerte die Angst, vor Gott nichts wert zu sein.

Auch Glaubenszweifel verursachten Angst, weil diese als Sünden betrachtet wurden. Aber Zweifeln ist ein natürliches Phänomen menschlichen Denkens. Sobald der Mensch seinen Gedanken freien Lauf läßt, gehen diese vielfältige, nicht vorherbestimmte Wege. Und so steigen zwischendurch Ideen und Vorstellungen auf, die nicht der offiziellen kirchlichen Lehre entsprechen. Wenn wir solche Gedanken als Sünde und als Gott widerwärtig interpretieren, bekommen wir Angst vor unserem eigenen Denken und vor den Phantasien, die in uns aufsteigen können.

Manche Gläubige haben sich daher das eigenständige Denken in Glaubensfragen abgewöhnt und sich dabei eine Unmündigkeit in seelischen und religiösen Fragen eingehandelt.

Auch der Anspruch anderer Religionen stellte

den Wert religiöser Leistung im christlichen Glauben als Mittel zur Angstüberwindung in Frage. Dies drückte einmal ein Priesterkollege in einer geselligen Runde von Klerikern mit der folgenden Überlegung aus: „Das wäre ja schon ärgerlich, wenn wir uns jetzt so mit unserem Glauben abmühen und nach dem Tod im Jenseits dann doch feststellen müßten, daß wir nicht im richtigen Boot saßen. Bei der Vielzahl von Religionen, die es auf der Welt gibt, ist diese Befürchtung doch nicht völlig unrealistisch."

Ich teile diese Befürchtung nicht, denn erstens glaube ich, daß Menschen in jeder Hochreligion den Weg zu Gott und zum seelischen Heil finden können, und andererseits bin ich überzeugt, daß die Botschaft Jesu von der Feindesliebe nicht nur eine global, sondern eine „intergalaktisch" gültige Wahrheit ist, denn sie besagt, daß das Fremde und Andersartige nicht bekämpft, ausgegrenzt und unterdrückt werden soll, sondern daß es zum Ganzen der Schöpfung und des Lebens dazugehört und wir deshalb immer den Weg des Verstehens, des Dialogs, der ehrlichen Auseinandersetzung gehen sollen, und daß wir im Ernstnehmen des Gegners oder des Fremden die Grunddimension der Liebe leben. Deshalb kann ich mir nicht vorstellen, daß diese Grundbausteine der Botschaft Jesu von einer anderen Religion relativiert oder für unwesentlich erklärt werden könnten. Wer diese Grundbausteine der Botschaft Jesu ins Leben umzusetzen versucht, kann nie auf dem falschen Weg sein. Aber wer die Religionen nur in ihrer Unterschiedlichkeit sieht, oder sie beziehungslos nebeneinander betrachtet, der kann freilich durch den Anspruch anderer Religionen Angst bekommen um den Sinn seiner eigenen Gläubigkeit.

III. Teil
Die große Alternative der Botschaft Jesu

Dunkle Gottesbilder

Der seelische Raum kann von Religionsvorstellungen und angstmachenden Gottesbildern so besetzt und eingeengt sein, daß dem Eigensein des menschlichen Ichs, seiner Originalität und auch seinen Schwächen kein Raum mehr bleibt. Die Angst, nichts wert zu sein, die den Menschen in seiner Ich-Entwicklung begleitet, wird dadurch aufgebläht und die Religion selbst wird so zu einem seelischen Gefängnis.

Der Familientherapeut Lorenz Zellner hat in seinem Buch „Gottestherapie" dieses Problem ausführlich dargestellt und Wege der Befreiung bzw. der Heilung geschildert. (Vgl. Lorenz Zellner, Gottestherapie, München 1995)

Das Gottesbild selbst kann im gläubigen Menschen durch manche biblischen Bilder und durch eine problematische kirchliche Verkündigung verunstaltet und „krank" sein und kann den Menschen abwerten und ihn entmündigen.

Dazu gehören zum Beispiel die Vorstellungen von der Vertreibung aus dem Paradies und einem „verschlossenen Himmel", die auch in vielen Kinderbibeln wie historische Ereignisse dargestellt werden. Oder die ständigen Warnungen vor einem strafenden Gott im Alten Testament im Zusammenhang mit den schrecklichen Höllenbildern der mittelalterlichen Kunst: Solche Glaubensvorstellungen verhindern, daß das Bedürfnis nach einem grundsätzlichen „Dazu-gehören-Dürfen" gestillt wird.

Sie erwecken im Gegenteil den Eindruck, ein neugeborenes Kind sei von vornherein ausgegrenzt, sei noch nicht dazugehörig zur Welt Gottes, es sei noch in „der Macht des Satans" oder „der Finsternis" (vgl. Taufritus der Katholischen Kirche), der es entrissen werden müsse. Erst durch eine sakramentale Handlung (die Taufe) könne das Kind zur Welt Gottes dazugehören.

Es wäre eine wichtige Aufgabe der Kirchen, klar zu machen, daß Sakramente wie die Taufe, die Eucharistie, und die Buße jeweils ein grundsätzliches Dazugehören zum Ausdruck bringen und feiern wollen und nicht erst hervorbringen wollen. Denn es hängt nicht von menschlichen Bemühungen und religiösen Zeremonien ab, ob man zu Gott „dazugehören" darf, also ein „Kind Gottes" ist. Es ist deshalb problematisch, die Aufnahme in eine Glaubensgemeinschaft als Voraussetzung für die „Kind-Gottes-Würde" zu erklären. Das wäre so, als ob die Menschenwürde durch einen Staatsakt oder eine Institution erst verliehen würde, statt daß sie „verkündet", bewußt gemacht und geschützt würde.

Beide Male geht es um ein *vorgegebenes* Dazugehören, das für die seelische Befindlichkeit des Menschen und seine emotionale Entwicklung wesentlich ist. Dieses vorgegebene Dazugehören zur selben „Würde" bewußt zu machen, ist ein wesentlicher Beitrag, die Angst des Menschen, nichts wert zu sein, zu mildern.

Gott entdecken

Wenn das Gottesbild im Menschen geklärt und geheilt ist, wenn „Gott" nicht mehr eine ständig kontrollierende und drohende Instanz ist, sondern als die Quelle der lebensbejahenden und mitfühlenden Kräfte und der rechten Rangordnung der Werte im Herzen des Menschen entdeckt wird, dann kann diese „Entdeckung Gottes" in der eigenen Seele zu einer entscheidenden Weitung des seelischen Raumes werden und zu einer wichtigen Möglichkeit, sich innerlich gehalten und getragen zu wissen, auch wenn man äußerlich durch mitmenschliche Konflikte bedrängt und abgewertet wird oder wenn man durch eigenes Fehlverhalten oder Schicksalsschläge wieder in die Angst gestürzt wird, nichts wert zu sein.

Eine gesunde Religiosität ist vor allem daran zu erkennen, ob sie ein grundsätzliches „Dazugehören-Dürfen" bewußt macht und den inneren seelischen Raum für die Originalität des eigenen Ichs und für das Mitgefühl mit anderen weitet und sichert.

Dieser innere Raum für das eigene Ich erfordert die Wahrnehmung und Aufrechterhaltung innerer Grenzen gegenüber den eigenen Eltern und gegenüber Gott.

Da wir die Eltern und „Gott" (je nach religiöser Erziehung) als die Mittler und Quellen für unser Dasein in uns tragen, ist die Abgrenzung ihnen gegenüber besonders schwierig, wenn nicht von deren Seite selbst Achtung vor dem Kind und vor der Originalität seines Ichs signalisiert wird.

Wo dies nicht der Fall ist, stellt sich später die schwierige Aufgabe, übermächtige und entmündigende Eltern bzw. Gottesbilder zu verabschieden und eine innere Grenze zwischen sich und diesen verinnerlichten Autoritäten aufzubauen. Man kann die Eltern nicht aus seiner Seele werfen, sondern es geht darum, ihnen einen angemessenen inneren Platz zuzuweisen, durch den sie in ihrer lebensvermittelnden Rolle vom Kind anerkannt sind, aber Einmischungen und Manipulationsversuche unterbunden werden. Für viele ist es ein schwieriger Lernprozeß zu begreifen, daß die Eltern die Entscheidungen und Verhaltensweisen der Kinder nicht verstehen und akzeptieren müssen. Es ist sehr gefährlich, die Eltern unbedingt überzeugen zu wollen. Es reicht, die Eltern zu achten, trotz der Andersartigkeit ihrer Meinungen und Erwartungen. Für den gläubigen Menschen ist es wichtig, diese innere Grenze auch Gott gegenüber zu entdecken. Nur ein Gott, der mein eigenes Ich achtet, auch die besonderen Wege und Umwege meines Lebens, und mich dabei nicht abschreibt und abwertet, aber doch innerlich unruhig macht und „heraus"-fordert gegenüber einer falschen Hierarchie meiner Werte, ist ein liebender und hilfreicher, aber kein besitzergreifender Gott.

Sich erlösen lassen

Der Mensch kann sich nicht selbst aus der „Angst, nichts wert zu sein", erlösen. Er kann die Angst vielleicht überspielen oder verdrängen, aber sie wird sich dann in anderer Form äußern; vielleicht in Habsucht oder Herrschsucht. Der Mensch kann sich seine eigene Werthaftigkeit nicht selber zusprechen, er muß sie erleben dürfen im Geliebt- und Angenommensein.

Die Botschaft Jesu ist das Ja Gottes zum Menschen und zur ganzen Schöpfung. „Gott liebt die Welt", er liebt seine Menschen-Kinder, das sind die fundamentalsten Glaubensaussagen. Glaube heißt zuerst einmal, daran glauben, daß man geliebt und in seinem Dasein bejaht ist.

Aber hier ist genau hinzusehen, wie Liebe verstanden wird, ob die beiden Grunddimensionen der Liebe „Dazugehören" und „Geachtet sein im Anders-Sein" enthalten sind, oder ob die zweite Dimension fehlt, was dazu führen kann, daß Liebe eine „den anderen auffressende Liebe" wird, eine besitzergreifende, eine total kontrollierende und gängelnde Liebe wird.

An den Gott, den Jesus verkündet, zu glauben, heißt vor allem, daran zu glauben, daß er die Quelle der Lebensbejahung ist, daß wir von ihm her grundsätzlich und umfassend bejaht sind, daß seine Beziehung zur Welt und zu Menschen eine Liebesbeziehung, aber keine Herrschaftsbeziehung ist, ein Vertrauensverhältnis aber kein Besitzverhältnis darstellt.

Diese von Achtung und Freiheit geprägte Beziehung Gottes zu uns Menschen und zur Welt drückt Jesus in vielfältigen Worten, Gleichnissen und vor allem in seinem eigenen Handeln aus.

„Ich bin gekommen, die Sünder zu rufen, nicht die Gerechten"

Diese Aussage Jesu (Mk 2,17) stand zu seiner Zeit in konträrem Gegensatz zu den damaligen messianischen Erwartungen. Johannes der Täufer hatte den Messias angekündigt als den, der dem Sieg des Guten gegen alles Böse in der Welt zum Durchbruch verhelfen sollte und dies in der Weise, daß er die bösen Menschen eliminieren werde. „Die Wurfschaufel hat er schon in der Hand, die Spreu vom Weizen zu trennen" (Lk 3,17), also die bösen von den guten Menschen zu trennen.

Es gab im jüdischen Glauben die Vorstellung, daß die heile Welt, „das Reich Gottes", anbrechen werde, wenn alle Juden sämtliche religiösen Vorschriften genau einzuhalten beginnen. Es sind die verdammten Sünder, die das Anbrechen der Heilszeit aufhalten, und dadurch bewirken, daß die leidvollen Dinge der Welt immer noch weitergehen. Es sei deshalb die Aufgabe des Messias, die Sünder, die Gottlosen, die Gesetzesübertreter auszumerzen. Die große Sortieraktion unter den Menschen sei die Aufgabe des Messias, damit endlich die Guten und Frommen, die wahrhaft Gläubigen aufatmen können und den wohlverdienten Lohn für ihr gewissenhaftes Glaubensleben erhalten. Die Verachtung, ja der Haß gegen die Bösen und Gottlosen gehörte selbstverständlich zum Glauben dazu. Ähnlich die andere Aussage des Johannes: Der Messias habe die Axt schon in der Hand, um die unfruchtbaren Bäume zu fällen. Die Nichtsnutze und Taugenichtse, die Faulen und Gesetzesbrecher sollen also verschwinden, damit die anderen „Bäume", die braven und guten Menschen aufleben und sich entfalten können.

Jesus gegen Johannes den Täufer?

Aber dann kommt Jesus und verhält sich völlig anders:

Er spricht mit denen, die er bekämpfen sollte, er hat Verständnis für sie, läßt sich von ihnen zum Essen einladen und verteidigt sie sogar in der Öffentlichkeit. Seine Botschaft lautet: „Ich bin nicht gekommen um ... zu richten, sondern um ... zu retten" (Joh 12,47).

Johannes der Täufer ist durch dieses Verhalten Jesu zutiefst erschüttert und in Frage gestellt. Er läßt, als er selbst schon im Gefängnis sitzt, über seine Freunde bei Jesus fragen: „Bist du der, der kommen soll, oder haben wir auf einen anderen zu warten?" (Mt 11,3)

Tiefe Enttäuschung und Verunsicherung drückt sich in diesen Worten aus: Einen solchen Messias hatte er nicht angekündigt. Vom Messias hatte er ein völlig anderes Verhalten erwartet.

Die Antwort Jesu lautet: „Selig ist, wer an mir keinen Anstoß nimmt" (Mt 11,6). Selig also, die sein Verhalten verstehen und achten und darin erkennen, daß Gott und seine Botschaft nicht Ausgrenzung und Sortierung bedeuten, sondern Integration, Versöhnung und Heilung des Menschen.

Auch der Mensch als Sünder bleibt bei Gott liebenswert, ja er wird von seinen Möglichkeiten her gesehen, an einer menschlicheren Welt mitzuarbeiten und deshalb lädt Jesus auch sogenannte Sünder zur Mitwirkung am Aufbau des „Reiches Gottes" ein.

Selig, die sich vor Gott arm wissen

Ähnlich die Worte Jesu in der Einleitung der Bergpredigt: „Selig, die vor Gott arm sind."

Wer um seine menschlichen Begrenztheiten, um sein Schuldigwerden, um seine Armseligkeiten weiß, darf sich doch von Gott selig gepriesen, d. h. geliebt, geachtet und bejaht wissen. Wer sich mit seinen Schwächen und seiner Schuld von Gott angenommen weiß, der kann die Angst vor Gott und den Menschen abbauen und muß sich nicht mehr verstecken und ein falsches Spiel nach außen inszenieren; er kann sich selber realistisch sehen und damit auch seine Fähigkeiten und Talente entdecken und sie zur Entfaltung bringen, für sich und zum Wohl der Gemeinschaft.

Denn viel Kreativität und guter Wille werden im Menschen zugeschüttet und blockiert, weil im alltäglichen angstbesetzten Versteckspiel die Energien auf das Verbergen und Verdrängen konzentriert sind.

Aber die Texte der Bergpredigt in den Evangelien mit den berühmten Forderungen der Feindesliebe, der radikalen Ehrlichkeit und Mitmenschlichkeit haben nicht nur Positives bewirkt. Man hat viele Jahrhunderte die Forderungen der Bergpredigt abgekoppelt von den Seligpreisungen und damit auch vom Schlüssel des Verständnisses, nämlich vom oben erwähnten ersten Satz der Bergpredigt:

„Selig, die vor Gott arm sind." Wenn dieser erste Satz fehlt, erscheint die Bergpredigt als eine Zusammenstellung von zum Teil unerfüllbaren Forderungen Gottes an den Menschen, bis hin zu dem Satz: „Seid vollkommen, wie euer himmlischer Vater vollkommen ist."

Wird aber der gläubige Mensch mit einer Fülle

solcher Forderungen konfrontiert, die er im Alltag seines Lebens nur sehr begrenzt zu erfüllen in der Lage ist, dann wird er im Horizont des alten Glaubensverständnisses durch diese Texte in tiefe Schuld- und Minderwertigkeitsgefühle gestürzt, da er ja gelernt hat, daß nichterfüllte Forderungen als Ungehorsam und als Grund für schwerste Strafe verstanden werden müssen.

Ständige Überforderungen verschärfen so die „Angst, nichts wert zu sein."

Heilen und retten, statt „brechen" und „auslöschen"

Entgegen der Erwartung, daß der Messias trennen und ausgrenzen werde, greift Jesus eine andere Tradition aus dem Alten Testament auf, in der verheißen ist, daß der, der da kommen soll, „das geknickte Rohr nicht brechen und den glimmenden Docht nicht löschen wird" (Mt 12,20).

Das ist eine klare Abgrenzungsbotschaft gegenüber den Aussagen des Täufers und gegenüber der Erwartung seiner Anhänger. Jesus sieht in dem schwierigen und sündigen Menschen das innerlich geknickte Rohr, das der Hilfe und der Aufrichtung bedarf und nicht noch einen zusätzlichen Schlag der Bestrafung. Der glimmende Docht ist das Bild für den kleinen Funken an gutem Willen, der auch in einem schlimmen Menschen noch da ist, den Jesus nicht ausdrücken oder ausblasen will, sondern den er neu entfachen und zum Brennen bringen will.

Auch hier gilt seine Grundbotschaft: Nicht richten und bestrafen, sondern heilen und retten.

Das ist zugleich die Einladung an uns, einander mit derselben Verstehensbereitschaft und Barmherzigkeit zu begegnen und das verurteilende und abwertende Verhalten und Denken zu unterlassen. Im II. Vatikanischen Konzil haben die Bischöfe der Welt den bemerkenswerten Satz formuliert: „Gott verbietet uns, über die innere Schuld von irgend jemandem zu urteilen" (Konzilsdokument *Gaudium et Spes*).

Jesu Opposition gegen die Einteilung in „Gute" und „Böse"

Ein besonders herausfordernder Satz Jesu steht in der Bergpredigt (Mt 5,45): „Gott läßt seine Sonne aufgehen über Gute und Böse" (vgl. Lk 6,35: „denn Gott ist auch gütig gegen die Undankbaren und Bösen").

Dieser Satz ist deshalb für unser übliches Denken so verunsichernd, weil er eine Grundkategorie unseres moralischen Bewußtseins in Frage stellt, nämlich die Einteilung der Menschen in Gute und Böse. Wenn Gott die Sonne seiner Zuwendung und Lebensbejahung Guten und Bösen in gleicher Weise zukommen läßt, dann bringt dieses Begriffspaar keine sinnvolle Unterscheidung mehr. Jesus macht damit deutlich, daß diese menschliche Einteilung in Gute und Böse für Gott unsinnig und deshalb aufzugeben ist.

Es ist ja auch tatsächlich so, daß die Bezeichnung „böse", auf einen Menschen angewandt, nicht hilft, diesen Menschen besser zu verstehen. Das Wort „böse" hilft nicht, ein Problem oder einen menschlichen Konflikt zu durchschauen und zu lösen. Dieses Wort ist nur eine billige Methode, mit der man sich die Mühe ersparen will, tiefer zu verstehen und konstruktive Lösungswege zu suchen. Dieses Wort hat nur eine urteilende und abwertende Wirkung, durch die der so Bezeichnete ausgegrenzt wird.

Wir haben das wohl seit Menschengedenken eingeübt: Wenn wir einen Mitmenschen nicht verstehen können, wenn sein Verhalten und Reden uns belasten und wir keinen Zugang zu seinen Beweggründen finden, dann haben wir abwertende Begriffe parat: „Der ist komisch", „der spinnt ein wenig", „der ist boshaft", „der ist nicht normal" usw. Es ist für uns schwer erträglich, einen Menschen nicht verstehen zu können; das verunsichert und macht uns hilflos. Und diese Hilflosigkeit macht Angst, mit den anstehenden Problemen nicht fertig zu werden. Urteilende und abwertende Begriffe sind eine billige Methode, um diese Angst und Hilflosigkeit aus unserer Gefühlswelt zu verdrängen.

Die Erkenntnisse der modernen Psychologie sagen uns, daß seelisch-geistiges Wachstum nur möglich ist, wenn wir uns verunsichern lassen und innere Erschütterungen und Ängste aushalten können; nur so können wir deren Signale und Botschaften verstehen lernen. Der Verzicht auf urteilendes Denken und Verhalten bringt uns in einen positiven Spannungszustand, der uns auf den Weg zu tieferem Verstehen bringt. Dieser Weg ist oft langwierig, man gerät auch in Sackgassen, man kommt manchmal kaum voran, bei manchen Menschen und Problemen kann er nicht nur Wochen, sondern auch Jahre und Jahrzehnte dauern, und wir sind auch an unserem Lebensende nicht damit fertig.

Der Mensch ist ein komplizierteres, ein geheimnisvolleres oder auch wunderbareres Wesen, als unsere Gedanken zu fassen in der Lage sind. Einen Menschen ganz begreifen zu wollen, würde bedeuten, ihn geistig in Besitz zu nehmen, ihn in das System unserer grauen Zellen total integrieren zu können. Das hieße, ihm sein Geheimnis zu nehmen. Aber offensichtlich gehört es auch zur Würde des Menschen, daß er nicht total „begreifbar" ist.

Zur Zeit Jesu gab es das körperliche und gesellschaftliche Besitzverhältnis zwischen Menschen. Es gab Sklaven und Leibeigene, und es gab und es gibt auch heute noch weitverbreitet geistige Besitzverhältnisse zwischen Menschen. Das Verstehen wollen „auf Teufel komm raus" ist eine Form geistiger Vereinnahmung, eine Art von Besitzergreifung, die häufig nur durch Abwertung der anderen Person gelingt. Jesus hat damals mit seiner Kritik an diesem üblichen Verhalten begonnen, den wahren und heilsamen Weg der Menschen untereinander zu gehen. Eine wichtige moralische Leistung, die z. B. in der Fastenzeit eingeübt werden könnte, wäre der Verzicht auf abwertendes Denken und Reden und damit der Verzicht auf die Einteilung der Menschen in Gute und Böse.

Jesus verabschiedet angst machende Denkmuster

Erlösungserfahrungen haben wesentlich damit zu tun, daß man „dazugehören" darf, daß man angenommen ist und Akzeptanz und Geborgenheit in einer herrschaftsfreien Gemeinschaft erlebt, und sie haben damit zu tun, daß man sich in seiner Einzigartigkeit und Originalität entdeckt, sich damit annehmen kann und von außen Achtung und Anerkennung erfährt. Die Aufhebung des Gut-Böse-Musters ist die Aufhebung eines Ausgrenzungsmusters.

Dieser Verabschiedung alter angst machender Denk- und Wertmuster dienen auch wichtige Gleichnisse Jesu, z. B. das Gleichnis von den

100 Schafen, von denen eins vorübergehend verloren geht. Ob verlorener Sohn oder verlorenes Schaf, es geht darum, daß solche Quertreiber und Eigenwillige, die den Zusammenhang mit ihrer soziologischen Primärgruppe verlassen, von Angehörigen dieser Gruppe gewöhnlich diffamiert und ausgegrenzt wurden: „Auf den können wir verzichten", „der braucht sich nicht mehr bei uns blicken zu lassen", „den können wir vergessen". Alles „Eigenwillige" und „Eigensinnige" war spätestens seit der Verteufelung des Ungehorsams als sündhaft und moralisch verwerflich verpönt.

"Eigen" zu sein hat auch heute noch in unserem Sprachempfinden einen eher negativen Klang. Jesus macht mit diesem Gleichnis deutlich, daß bei Gott keiner vergessen und abgeschrieben ist, daß auch die schwierigen und eigenwilligen Menschen wichtig und wertvoll sind. So lädt er auch uns ein, das Verhalten des guten Hirten, der das Verlorene sucht und heimholt, in unserem alltäglichen Leben nachzuahmen.

Das Drama des Muttersohnes im Patriarchat

Das Gleichnis vom barmherzigen Vater hat über die oben bereits beschriebene Erlösungsbedeutung noch einen weiteren Aspekt von Erlösung. Man könnte ihn einen feministischen Aspekt nennen oder Erlösung als Integration der Männlich-Weiblich-Polarität. Dieser Aspekt ergibt sich bei einer familientherapeutischen Betrachtung der Rolle des sogenannten „verlorenen Sohnes".

Die Nichterwähnung der Mutter in diesem Gleichnis weist darauf hin, daß es sich hier um ein patriarchales Familiensystem handelt. Der zweite Sohn ist in solchen Familienstrukturen gewöhnlich der Muttersohn, bewußt oder unbewußt mit ihr solidarisch und Träger der Gefühle und Energien, die die Mutter nicht ausdrückt, sondern verdrängt.

Im patriarchalen System ist der Vater dominant, d. h. sein Wille, seine Sicht der Dinge, seine Entscheidungen stehen im Vordergrund und sind von Ehefrau und Kindern zu akzeptieren. Es gibt kaum Kompromisse, d. h. die Frau muß ihre eigenen Bedürfnisse und Gefühle, ihre Wahrnehmung und ihre Wünsche dem Ehemann unterordnen. Ihr Ich ist damit abgewertet und muß sich ständig zurücknehmen und verbergen. Dadurch entstehende Schmerzen und Enttäuschungen werden verdrängt in die unbewußten Schichten der Seele. Da Kinder Teil der Seele der Eltern sind und die kindliche Seele ein Zufluchtsort für die verdrängten Gefühle der Eltern, drücken diese oft etwas aus, was die Eltern sich scheuen zu artikulieren, oder sie vollziehen die Bewegungen und Handlungen, die von einem Elternteil innerlich gewünscht, aber aus Angst nicht vollzogen werden. Kinder können so unter Umständen ein Stellvertretungshandeln praktizieren. Die Frau, die sich im patriarchalen System nicht ernst genommen erlebt, kann dieses Familien- und Ehesystem dennoch nicht verlassen, weil sie im patriarchal geprägten Gesellschaftssystem extrem diffamiert würde. Ihre Tendenz wegzugehen kann eventuell von dem Kind, das ihr seelisch am nächsten steht, gespürt und in die Tat umgesetzt werden. So sind es in solchen Familienstrukturen die Muttersöhne, die die Flucht ergreifen und in der Ferne einen oft abenteuerlichen Weg der Ich-Findung in unbewußter Stellvertretung für die Mutter suchen.

Wer in der Paarbeziehung untergeordnet ist,

fühlt sich entweder abgewertet und ein Stück verachtet, oder hat diese Gefühle verdrängt. Es ist ein normaler seelischer Prozeß, daß verachtete Menschen auch selbst Verachtung entwickeln gegenüber dem, von dem sie nicht ernst genommen werden. Oder aber sie verdrängen auch diese Gefühle und lenken ihre Verachtung unbewußt nach außen auf andere Personen hin. Der Sohn, der die Familie verlassen hat, übernimmt eine eventuell vorhandene Verachtung seiner Mutter gegenüber dem Vater. Dies wirkt sich katastrophal aus. Der Sohn, der im Trotz oder in der Verachtung gegenüber dem Vater Karriere machen will, folgt einem alten Grundgesetz der Seele, das besagt, „Kinder lieben ihre Eltern immer, wenn nicht in bewußter Weise, dann in unbewußter".

Die Wahrscheinlichkeit, daß der Sohn wegen seiner Vaterverachtung ein unbewußtes Selbstbestrafungsmuster entwickelt, ist sehr hoch. Dies ist wohl der psychodynamische Grund seiner anfänglich zügellosen Freiheitsansprüche und seines anschließenden Scheiterns.

Aber offensichtlich gibt es im Vaterbild dieses Sohnes unabhängig vom patriarchalen System ein Wissen um Verständnis und Barmherzigkeit bei diesem Vater, das es ihm ermöglicht, die Rückkehr zu wagen. Diese Rückkehr bedeutet für ihn, die Rolle der Frau im patriarchalen System anzunehmen: „Nimm mich wie einen deiner Knechte."

Das ist die unbewußte Liebe zur Mutter in diesem System, solidarisch mit ihr Befehlsempfänger zu werden und auf einen eigenen Willen, auf eine eigene Ich-Entwicklung und damit auf die Anerkennung der eigenen Würde zu verzichten.

Der zurückgekehrte Sohn erlebt aber nun einen Vater, der sich völlig unpatriarchal verhält. Er eilt ihm entgegen, setzt ihn zurück in die Sohn-

Rolle und achtet den Muttersohn gleichberechtigt neben dem älteren Vatersohn.

In gewöhnlichen Familien hat der Vater sicher zuvor der Mutter manche Vorwürfe oder gar Häme entgegengebracht, daß es ja ihr verzogener Liebling gewesen sei, der mit seinem Anteil am väterlichen Erbe einen nichtsnutzigen Lebensstil entwickelt habe. In der gleichberechtigten Wiederannahme des Muttersohnes wird die Ehefrau vom Mann anerkannt und in ihren Bedürfnissen und Problemen ernstgenommen.

Die Erlösungsbotschaft in diesem Gleichnis ist einerseits – wie in einem vorangegangenen Kapitel ausgeführt – das grundsätzliche Dazugehören-Dürfen zu den Eltern, zu Gott und zum Leben der Welt, entgegen den alten Vorstellungen von einem Rauswurf aus dem Paradies, und andererseits ist es auch die Botschaft des Zueinandergehörens von Mann und Frau, von Vaterkindern und Mutterkindern auf der Ebene partnerschaftlicher Beziehungen, in denen die Originalität und Unterschiedlichkeit von Mann und Frau, wie überhaupt von zwei verschiedenen Menschen sich zeigen darf, sich entfalten kann und gegenseitig ernst genommen wird.

Erlösung hat hier zu tun mit der Integration der Gegensätze im Menschen und zwischen den Menschen auf gleichberechtigter Ebene und löst damit bei dem im Patriarchat untergeordneten Ehepartner und den ihm seelisch nahestehenden Kindern die Angst, nichts wert zu sein.

Der Kreuzestod Jesu in seiner erlösenden Wirkung

Das Ereignis des Kreuzestodes Jesu wie auch später das Symbol des Kreuzes, enthält dieselbe Frohbotschaft, wie die Einleitung der Bergpredigt:

Am gekreuzigten Jesus wird sichtbar, wie grausam, wie ungerecht, wie gefühllos und verletzend wir Menschen sein können. Die einen reagierten an ihm ihre Angst um den Verlust von Macht und Autoritätspositionen ab, die anderen wollten einen unliebsamen Kritiker aus dem Weg räumen, wieder andere haben ihn einfach fallen oder im Stich gelassen, haben ihre Solidarität und Freundschaft aufgekündigt. Und ein Teil seiner Anhänger hat in panischer Angst die Flucht ergriffen und hat sich versteckt. Der Geschundene und Getötete am Kreuz hält uns Menschen einen Spiegel vor, wozu wir fähig sind, wenn wir in tiefe Ängste geraten. Denn die Angst ist es, die viele Menschen gefühllos und hart, manche sogar rücksichtslos und grausam macht.

Aber wir sehen am Gekreuzigten nicht nur die schlimmen Auswirkungen unseres menschlichen Tuns, wir sehen auch den Menschen, der in dieser schrecklichen Situation für seine Peiniger betet: „Vater, verzeih ihnen, denn sie wissen nicht, was sie tun."

Jesus verflucht die Menschen nicht, er verflucht nicht die Welt, in der es so ungerecht und leidvoll zugeht. Vom Kreuz her kommt eine Botschaft der Barmherzigkeit und der Liebe, die uns Menschen in unserer Sündhaftigkeit erleidet und doch nicht verwirft. Wer so auf das Kreuz schaut, weiß sich radikal ernst genommen in seiner menschlichen Begrenztheit und Schuldhaftigkeit, aber auch in seiner – von Gott her gesehen – bleibenden „Liebenswürdigkeit".

Das ist die Erfahrung von Erlösung: Zutiefst durchschaut und erkannt zu sein und sich selbst zutiefst zu erkennen und doch von Gott anerkannt und in seiner Liebe gehalten zu sein.

Und die zweite Erfahrung von Erlösung machen die Freunde Jesu durch die Auferstehung nach einem solchen Tod: Die Jünger erleben Gottes Handeln als Bestätigung für die Wahrheit und Gültigkeit des Lebens Jesu. Nun wissen sie, wer so grenzenlos das Leben und die Menschen liebt, wer so angstfrei und mutig auch gegen die Mächtigen in Religion und Gesellschaft für die Entmündigten, für die Benachteiligten, für die Unterdrückten, für die Ausgegrenzten und Verachteten eintritt, in dem ist Gottes Geist selbst lebendig, der lebt in Gott und Gott lebt in ihm, der bekommt eine innere Kraft und ein Selbstbewußtsein, daß er sich von den angstmachenden und einschüchternden Methoden der Mächtigen nicht niederdrücken und klein machen läßt, der kann mit sich selber und seiner Geschichte eins sein und konsequent zu dem stehen, was er als wahr und richtig erkannt und gelebt hat.

Er wird eine Freiheit in sich entdecken, wie sie bei Jesus, dem „Freiesten der Menschen" zu spüren war. Er wird sich erlöst erfahren von der Angst, nichts wert zu sein, und er wird sich erlöst erfahren von der Angst, die die Mächtigen in Religion und Gesellschaft in ihm zu wecken versuchen, um ihre Herrschaft aufrecht zu erhalten.

So hat diese Erlösungserfahrung eine Dimension in den Tiefenschichten der Selbstwahrnehmung und Selbstbezogenheit des Menschen, und sie hat eine Dimension in seinem sozialen und politischen Lebensbezug.

Erlösung aus einem angst machenden Autoritätsverständnis

Ein anderer Lebensbereich, in dem der Mensch die Angst um den Wert oder Unwert seines Daseins und seines Ichs erlebt, ist der Autoritätsbereich.

Autoritätserfahrungen machen wir von klein auf in der Familie, in der Kirche, im persönlichen Glauben mit Gott, in der Schule und später in vielen verschiedenen gesellschaftlichen Bereichen, besonders in der Arbeitswelt. In der Beziehung zwischen Autoritätspersonen und denen, die von ihnen abhängig sind, erleben wir besonders stark Achtung oder Verachtung, ernstgenommen werden oder nicht ernstgenommen werden, Enfaltungsmöglichkeiten unseres Ichs oder Blockaden dafür, die Anerkennung unserer Originalität oder deren Unterdrückung.

Da in früheren Zeiten und Kulturen alle menschlichen Autoritäten von der obersten Autorität, nämlich von der göttlichen, sich ableiteten, war das Verständnis der Autorität Gottes grundlegend für die Erfahrung von Angst oder Angstbefreiung sowohl im Glauben wie auch in den familiären und gesellschaftlichen Autoritätsbereichen. Auch wenn unsere Zeit weniger von religiösen Vorstellungen geprägt ist, sind die Auswirkungen und Ängste in abgeleiteten menschlichen Autoritätserfahrungen immer noch spürbar.

Die Botschaft Jesu und seine Lebenspraxis behandelt deshalb in vielschichtiger Weise dieses Problem. Ja man kann geradezu sagen, das Evangelium und seine Erlösungsbotschaft ist vor allem eine Wandlung des Autoritätsverständnisses. Auch Jesu Verhaftung, seine Hinrichtung und der offiziell angegebene Grund dafür, nämlich

Gotteslästerung, sind vorrangig als Autoritätskonflikt zu verstehen, d. h. als ein Konflikt mit den damals üblichen Autoritätsvorstellungen und Praktiken der jüdischen Religion und Gesellschaft wie auch der damals geglaubten Autoritätsrolle Gottes.

Die Gegenüberstellung verschiedener Autoritätsverständnisse kann die eigene Positionsklärung und Verhaltensänderung erleichtern.

Eine solche Gegenüberstellung finden wir auch im Neuen Testament mit der Bezeichnung Jesu als „neuer Adam" gegenüber dem „alten Adam" der Paradiesesgeschichte des Alten Testaments.

Sie ist für das Verständnis von Autorität sehr hilfreich:

Der alte und der neue Adam:
Jesu symbolischer Neubeginn

Danach trieb der Geist Jesus in die Wüste. Dort blieb Jesus vierzig Tage lang und wurde vom Satan in Versuchung geführt. Er lebte bei den wilden Tieren, und die Engel dienten ihm (Mk 1,12f).

Die Wüste ist in der Paradiesesgeschichte das Material, auf dessen Grundlage der Garten Eden errichtet wird. Wenn Jesus also in die Wüste geht, geht er, symbolisch verstanden, noch einmal zurück an den Anfang der Welt und der Menschheit. Er wird ja auch als der neue Adam verstanden, der sich wesentlich vom alten Adam unterscheidet.

Der alte Adam glaubte, Gott sei ein allmächtiger Herrscher und Alles-Lenker, die Menschen seien dessen Untertanen, Knechte und Diener, so wie es viele alte Religionen sahen. Die Menschen also seien Befehlsempfänger, haben Gott zu gehorchen und zu dienen. Ihr eigenes Denken,

Fühlen und Wollen wird so zweitrangig, ja sogar hinderlich oder gefährlich für eine gewissenhafte Dienstbereitschaft.

Aber wo es Herrscher und Untertanen gibt, gibt es auch die Versuchung, ebenfalls herrscherliche Positionen zu erringen, denn das wirklich Wertvolle, das Göttliche, scheint ja die Herrscherrolle zu sein. Wenn ein Mensch Herrschaftspositionen erringen kann, ist er Gott ähnlicher, hat er Anteil am göttlichen Leben. Aber er gerät unter Umständen auch in Konkurrenz mit Gott, denn er könnte ja dadurch in göttliche Herrschaftsbereiche eindringen und Gottes Machtausübung reduzieren.

Das Hauptmotiv für den Ungehorsam

Die Versuchung, Gott gleich zu sein, wird in der christlichen Mythologie schon in der Erzählung von Luzifer, dem gefallenen Engel, wie auch in der Paradiesesgeschichte bei der verführenden Schlange als Hauptmotiv für den Ungehorsam bezeichnet.

Es gibt nicht nur die Versuchung, Gott direkt gleich zu sein, sondern wenigstens ihm durch eine Herrscherrolle auf dieser Welt ähnlich zu werden, indem man über andere Menschen oder wenigstens über die Tiere Herrschaft erringen kann.

Herrschen können, über den anderen stehen, das sollte die Angst beseitigen, nichts wert zu sein. Das Motiv ist verständlich, der Weg orientiert an einem Gott, der als Herrscher verstanden wird.

Was ist nun der große Unterschied zwischen dem neuen und dem alten Adam, was ist die Errungenschaft Jesu gegenüber dem „alten Menschen"?

Gott: Herrscher oder Vater?

Im Text heißt es, „die Engel dienten ihm". Die Engel sind Repräsentanten Gottes und drücken seinen Willen und sein Verhalten aus. D. h. Gott dient Jesus, dem neuen Adam. Oder besser gesagt, Jesus weiß, daß Gott dem „Adam", also dem „Menschen" dienen will.

Jesus sieht in Gott keinen Herrscher, sondern einen mütterlichen Vater, der seine Kinder und Geschöpfe weder besitzt noch beherrscht, noch sie für irgendwelche Zwecke benutzt. Jesus weiß, daß liebende Eltern ihre Kinder nicht als Diener für sich einsetzen, sondern daß sie ihren Kindern helfen wollen, ihr eigenes Wesen zur Entfaltung zu bringen, sich selber zu verstehen und sich anzunehmen, damit sie ihr Leben meistern. Eltern dienen also der Lebensentfaltung und Ich-Findung ihrer Kinder. Wenn Jesus Gott als liebenden Vater darstellt, verabschiedet er nicht nur das alte Herrscherbild Gottes, sondern auch die Rolle des Menschen als Diener Gottes. Gott, so sagt uns Jesus, will den Menschen helfen, will ihnen dienen, daß sie ihr Menschsein recht entfalten und geschwisterlich und damit gleichberechtigt miteinander umgehen lernen.

Gott will nicht die Dienst- und Opferbereitschaft der Menschen für sich beanspruchen, sondern daß sie einander helfen, das Leben zu gestalten und zu meistern. Wo Jesus in göttlicher Autorität spricht und auftritt, sagt er, er sei nicht gekommen, sich bedienen zu lassen oder zu herrschen, sondern zu dienen, zu helfen und zu heilen, aufzurichten und zu trösten.

Die satanische Versuchung beim alten und beim neuen Adam ist die Versuchung des Herrschen-Wollens, d. h. sich über andere Menschen stellen zu wollen, auf sie herabzusehen, sie dem eigenen Willen gefügig zu machen, anderen vorzugeben, wo es lang geht, andere für eigene Zwecke zu gebrauchen, das Muster von Gehorsam und Befehlsgewalt aufrechtzuerhalten.

Verantwortung statt Gehorsam

Im alten Gottesverständnis war Ungehorsam die Ursünde schlechthin. Im Gottesbild Jesu geht es nicht um Gehorsam oder Ungehorsam, sondern um Vertrauen und Überwindung der Angst, weil es bei ihm nicht um Herrscher und Untertanen geht, sondern um eine Beziehung, wie sie zwischen liebevollen Eltern und ihren Kindern am ehesten wiedergefunden wird.

Deshalb finden sich die Worte „Gehorsam" und „gehorchen" im Munde Jesu nicht für Menschen. Diese Worte kommen bei Jesus nur für Naturkräfte und sogenannte „Dämonen" vor. Offensichtlich ist Gehorsam für ihn so wenig eine moralische Kategorie oder eine Glaubensforderung, daß dieser Begriff in keinem der vier Evangelien von ihm für Menschen verwendet wird. Das hat sich aber sehr bald geändert. Spätere Interpreten Jesu, unter ihnen besonders Paulus, haben das Leben Jesu und seine Botschaft wieder in die Kategorien von Gehorsam und Ungehorsam umgeformt.

Jesus geht es um Vertrauen, um Mündigwerden, um Erwachsenwerden auch im Glauben.

Der oben zitierte Markustext sieht Jesus bei den wilden Tieren: Er lebt mit ihnen, er beherrscht sie nicht, wie noch im ersten Kapitel des Alten Testamentes die Beziehung zwischen Mensch und Tier gesehen wird: als Herrschaftsbeziehung.

Es geht also in der Botschaft Jesu auch um

die Überwindung eines herrschaftlich-ausbeuterischen Verhaltens des Menschen gegenüber den anderen Geschöpfen.

Erlösung von herrscherlichen Gottesbildern

Die Erlösungsbotschaft in den beiden zitierten Evangelien-Versen lautet:

Jesus befreit uns durch seine Worte und durch sein Verhalten von einem alten herrscherlichen und damit angstmachenden Gottesbild. Das älteste Evangelium beginnt also im ersten Kapitel mit einem grundlegend anderen Autoritätsverständnis und mit einem grundlegend anderen Verständnis der Rolle und der Werthaftigkeit des Menschen. Der Sinn des Lebens wird ein anderer.

Statt des Wortes „Gehorsam" finden wir bei Jesus das Wort „Wer Ohren hat zu hören, der höre" (Mk 4,9; 4,23). Aber dann folgen keine Lehrsätze, keine Gebote und Verbote, keine Befehle, sondern dann folgen Gleichnisse aus dem alltäglichen Leben der Menschen. Jesus lädt mit seiner Gleichnisrede ein, auf das Leben hinzuhorchen, das Leben in seiner Werthaftigkeit und Gefährdung wahrzunehmen und zu verstehen, das Leben unmittelbar ernst zu nehmen mit allen Sinnen – nicht nur mit den Ohren – und auch mit dem Herzen und dem Verstand. Die Gleichnisrede ist Jesu Methode, die Menschen zu eigenständiger Wahrnehmung, eigenständigem Denken und eigener Entscheidungsfähigkeit zu erziehen. Es ist der Weg allgemeinmenschlicher wie besonders seelischer Mündigkeit. Der Mensch, der sich ernstgenommen erlebt und den Weg der Mündigkeit gehen kann, verliert die Angst, nichts wert zu sein.

Und er erlebt, was es bedeutet, ein „Kind Gottes" und von Gott eingesetzter „Erbe der Welt" zu sein (vgl. Röm 4,13).

Die Alternative zum Gehorsamsdenken besteht im aufmerksamen Hinhorchen auf das Leben, das heißt zuerst, sich selbst und seine Mitmenschen ernst zu nehmen, und es geht auch um ein gemeinsames Hinhorchen auf die Werthaftigkeit des Daseins, auf die Werthaftigkeit jedes Menschen, jedes Tieres und aller anderen Geschöpfe. Wertwahrnehmung ist nur möglich durch eigene unmittelbare Wahrnehmung des Lebens und nicht vermittelt durch Autoritäten und Gehorsamshaltung.

Jesu Botschaft zielt auf eine Überwindung aller Besitz- und Herrschaftsverhältnisse unter Menschen, auf eine Umgestaltung aller Hierarchien und Gehorsamsstrukturen, durch die ja die Wahrnehmung der Welt und ihrer göttlichen Dimension vom Filter menschlicher Autoritätspersonen mit eigenem Wahrheits- und Besitzanspruch behindert wird.

Es ist die Einladung Jesu zu einem geschwisterlichen Miteinander, um ein herrschaftsfreies, geschwisterliches Miteinander auch in der Kirche, so daß alle Formen der Bevormundung abgebaut werden, aber auch um ein geschwisterliches Miteinander in der Arbeitswelt und in allen anderen gesellschaftlichen Bereichen. Das mag zwar für viele noch utopisch klingen, aber es gehört zum Grundbestand christlicher Hoffnung und Berufung, nicht nur eine geschwisterliche Welt im Jenseits zu erwarten, sondern sie schon hier und jetzt vorzubereiten, einzuüben und zu verwirklichen.

In einer geschwisterlichen Welt müssen neue Weisen gegenseitiger Wahrnehmung, neue Fähigkeiten, sich mitzuteilen und ehrlich einander zu begegnen und neue Strukturen der Information und Kommunikation entwickelt werden.

Dafür gibt es heute schon eine Menge Erfahrungen und bewährte Lernprozesse. So sind das Autogene Training und viele andere ähnliche Übungen hilfreiche Methoden, sich selbst besser wahrzunehmen und besser in sich „wohnen" zu lernen.

Wer sensibel wird für das, was in ihm wohnt, wer empfindsam wird für die vielfältigen Reaktionen seiner emotionalen Innenwelt, der kann auch die Ereignisse und Eindrücke der Außenwelt sensibel aufnehmen und kann sie unterscheiden und verstehen lernen; der kann die Angst abbauen vor dem, was in ihm ist und vor dem, was von außen auf ihn zukommt. Er wird den oft abenteuerlichen „Weg des Verstehens" gehen und für das „Nichtverstehbare" die Haltung der Achtung und des vertrauensvollen Hindurchgehens durch die Erfahrungen der Verunsicherung finden.

Zusammenfassung – Praktische Ratschläge

Die Angst, nichts wert zu sein, ist ein Signal des Unbewußten, das dem Bewußtsein wichtige Botschaften und Aufträge mitteilen will:
1. daß es gilt, die Originalität und Werthaftigkeit des eigenen Ichs zu entdecken und anzuerkennen;
2. daß die Wahrnehmung und Wertschätzung des eigenen Ichs mit der Entdeckung und Erschließung seelischer Räume zu tun hat, die das Ich zur Entfaltung braucht:
- den seelischen Raum im eigenen Körper;
- den seelischen Raum im wohlwollenden Denken (im „Herzen") anderer Menschen;
- den seelischen Raum in der Natur (bei der „Mutter Erde");
3. daß die Erschließung der seelischen Räume für das Ich behindert sein kann:
- durch die Bewertung und Abwertung von Gefühlen und Phantasien („Zorn und Glaubenszweifel sind Sünde");
- durch emotionale Überforderungen in der Kindheit durch Schicksalsschläge (z. B. Tod eines Elternteils);
- durch eine falsche Rangordnung der gesellschaftlichen und religiösen Werte (z. B. wenn die eigene Werthaftigkeit erst durch Leistung „verdient" werden muß);
- durch entmündigende, vorrangig auf Gehorsam pochende Autoritätserfahrungen in der Kindheit (wenn die erfahrene Liebe nicht mit Achtung verbunden war oder ist);

- durch herrscherliche, entmündigende Gottesbilder;
- durch seelische Besetzungen und Verdrängungen von seiten der eigenen Eltern;
- durch eine Abwertung der Natur als seelenloser, nur materialistisch interpretierter Raum;
4. daß es für das seelische Wohlergehen wichtig ist, „seelische Arbeit" zu leisten, ja manchmal mit Einsatz größter Energien zu kämpfen, um die seelischen Räume für das eigene Ich zu entdecken, sie für sich zu erobern und diese Räume abzusichern und zu verteidigen gegen unangemessene Einmischungen von außen, auch gegenüber Eltern, religiösen und gesellschaftlichen Autoritäten („nein" sagen können).

Bedrückende Angst ist ein Signal, daß in uns etwas bedroht ist, was zu unserem Wesen und zu unserer Ich-Entwicklung wichtig ist. Wer die Angst nur äußerlich z. B. mit Medikamenten oder Ablenkung zu beseitigen versucht, macht sich seelisch blind, beraubt sich selbst der wichtigen Sensoren und Signale seines Inneren. Es mag Situationen geben, in denen die Angst so gewaltig wird, daß der betroffene Mensch hochgradig selbstmordgefährdet ist; dort ist es angebracht, mit Medikamenten die Angst zu dämpfen, um Spielraum zu schaffen für therapeutisches Handeln.

Es ist nicht immer leicht, die Signale der Angst zu verstehen, deshalb ist für die Deutungshilfe oft ein Berater oder Therapeut wichtig. Aber auch hier gilt, daß Hilfe eine „Hilfe zur Selbsthilfe" sein muß. Wo Hilfestellung eine entmündigende Wirkung hat, ist es anzuraten, die Flucht zu ergreifen.

Zwischen zwei fundamentalen Reaktionen auf Angst ist in jedem Einzelfall sorgfältig zu unterscheiden:
1. Drängt die Angst zum Handeln, endlich aktiv zu werden, z. B. mit einem bestimmten Menschen ein klärendes Gespräch zu führen oder einen Abschiedsbrief zu schreiben oder eine testamentarische Verfügung zu veranlassen oder aus dem Elternhaus auszuziehen oder zum Scheidungsanwalt zu gehen usw.?
2. Oder lädt die Angst ein, ja zu sagen zu den Tatsachen und Umständen des eigenen Menschseins, des eigenen Schicksals, auch zum Tod eines Angehörigen?

Dieses Ja-Sagen geschieht z. B. in der Annahme des Schmerzes und der Trauer über ein Stück verlorene Kindheit, in der Annahme einer Krankheit oder Behinderung, in der Annahme eigener Schuld, in der Annahme der eigenen Eltern und deren Begrenztheit, in der Achtung vor dem Tod eines Angehörigen, in der Achtung auch vor der Art des Todes, wenn z. B. ein Elternteil Selbstmord begangen hat.

Solche Annahmen lösen meist zuerst eine innere Trauer und Wehmut aus, sie erfordern eine gewisse Demut, die eigene Begrenztheit als Mensch, hineinverwoben in das Schicksal von ganz konkreten Mitmenschen und hineinverwoben in eine ganz konkrete geschichtliche Zeit und in ganz konkrete gesellschaftliche Rahmenbedingungen und Umstände, zu akzeptieren. Diese Demut besagt, daß man über viele dieser Umstände keine Macht und keine Möglichkeiten hat, sie zu ändern, sondern daß man sich ihnen fügen muß, sie bejahen muß als die Rahmenbedingungen des eigenen Lebens, um dann zu erkennen, wie groß die Freiräume und Handlungsräume sind, die einem innerhalb dieses Rahmens zur Verfügung stehen.

Wer z. B. täglich voller Angst und Bedrückung an den Tod denken würde, wäre blind für die Möglichkeiten der Jahre und Jahrzehnte, die ihm bis zu seinem Sterben zur Verfügung stehen.

Anhang

Überblick über die Umgangsformen mit der „Angst, nichts wert zu sein"

Nivellierung	Rückzug	Selbstwert durch weltliche Leistung
Andere – abwerten – verurteilen – schlecht machen; über alles schimpfen; Leben für sinnlos erklären.	Augen verschließen; Rückzug ins Private; Depressionen; „Sucht": – Drogen – Alkohol; Ersatzleben; künstl. Gefühle; Wirklichkeitsverlust.	Arbeit, Fleiß; Reichtum, Wohlstand; Bildung, Wissen; Schönheit, Lust; Macht, Einfluß; (Baalsreligion); Kapitalismus.
Es bleibt: Angst vor Haß, Neid und Verleumdung anderer.	Es bleibt: Größere Angst bei Bewußtwerden der Realität.	Es bleibt: Verlustangst; Konkurrenzangst; Todesangst.

Überblick über die Umgangsformen mit der „Angst, nichts wert zu sein" (Fortsetzung)

Selbstwert durch religiöse Leistung	Sich erlösen lassen	Das Ich und den seelischen Raum entdecken; Angst begleitet die Ich-Findung
Einhalten der Gebote; Gute Werke tun; Opfer bringen; sich den Himmel verdienen; Gott gnädig stimmen.	Gottes bedingungsloses Ja zu Mensch und Schöpfung annehmen: – Christus beruft Sünder – Kreuz – Seligpreisungen – der barmherzige Vater – Gute und Böse – Das geknickte Rohr nicht brechen – Verabschiedung entmündigender, Ich-negierender Gottesbilder.	Die Ich-Originalität erkennen; den Ich-Raum erschließen; Ich-Energien zur Welt kommen lassen; Abschied von der Bewertung der Gefühle; Besetzungen der eigenen Seele durch andere (Vorfahren, Gottesbilder, „Autoritäten",...) auflösen; eigene Lebensgeschichte annehmen; Verstorbene verabschieden.
Es bleibt: Angst vor Zweifel, vor zuwenig Gewissenhaftigkeit, vor dem Anspruch anderer Religionen.	Entdeckung einer Lebensbejahung, die einem *vor* allen Leistungen und Verdiensten zufließt.	Ich-Originalität bejahen und entfalten; das Dazugehören bejahen und entfalten; manche Ängste als Signale des Unbewußten verstehen lernen.

Spielregeln fairer Kritik

Konstruktive Kritik

Kritisieren heißt (nach der griechischen Wortbedeutung): *unterscheiden, genau hinschauen*

kritisieren heißt nicht: *abwerten – beleidigen – verspotten – lächerlich machen – sich über einen anderen stellen – einen anderen „fertig machen" wollen*

Die Spielregeln der Kritik

(Eventuell zuvor die Frage stellen: „Darf ich dir etwas sagen?")
1. Das Verhalten und die Aussagen des anderen in einem konkreten Beispiel (wann und wo?) beschreiben.
2. Die Wirkung auf mich beschreiben (nur direkte Gefühlsaussagen!).
3. Den Kritisierten um seine Beschreibung bitten (Wie hat er/sie die Situation erlebt? Ich akzeptiere es, wenn er/sie darauf verzichtet.)

Kritik arbeitet nur mit Beschreibungen (der „Außenwelt" des anderen und der eigenen „Innenwelt").
Kritik verzichtet auf Bewertungen.
Kritik vermeidet dadurch die Steigerung von Aggressionen.

Der Sinn der Kritik

- Da wir für die Wirkungen unseres Verhaltens auf andere oft blind sind, hilft Kritik, einander einen Spiegel vorzuhalten: *„So wirkst du auf andere!"*
- Kritik zeigt, daß ich den anderen ernst nehme (er ist mir nicht gleichgültig): *Ich beobachte und sage, was ich sehe, ohne zu bewerten.*

- Kritik zeigt, daß ich mich selbst ernst nehme: Meine Gefühle sagen mir, daß ich reagieren oder mich schützen sollte. *(Meinen Ärger schlucke ich nicht runter, ich nutze seine Energie positiv.)*
- Durch Kritik kann man auch Interesse zeigen, den anderen verstehen zu wollen, meine Beziehung zu ihm zu verbessern bzw. klären zu wollen.
- Wenn die Grundlage von Liebe darin besteht, den anderen ernst zu nehmen, dann ist faire Kritik eine Grundform von Liebe.
- Kritik ist ein wichtiger Schutzmechanismus gegen Menschen, die zu wenig darauf achten, ob sie andere verletzen oder belasten.
- Kritik hilft, die Achtung voreinander zu bewahren. *Ohne den Schutzmechanismus der Kritik verlieren wir die Achtung voreinander.*
- Auch positive Kritik (= Komplimente) wirkt stärker, wenn sie mit Beschreibungen statt mit Bewertungen vorgebracht wird.
- Faire Kritik nimmt Angst und gibt Kraft.

Die Antwort des Kritisierten

1. Ich werde mir deine Worte gut überlegen.
2. Sie helfen mir, besser zu erkennen, wie ich auf andere wirke.
3. Du darfst aber nicht erwarten, daß ich unbedingt so werden will oder kann, wie du mich haben willst.

(Kritik raubt nicht die seelisch-geistige Eigenständigkeit!)

Um Kritik bitten (Beispiele)

- „Magst du mir sagen, wie es dir zur Zeit mit mir geht?"
- „Ich weiß nicht, ob dir das recht ist, was ich zur Zeit mache".
- „Ich würde gern ein Echo von dir hören, auf das, was ich gesagt habe".

(Vorsicht: Als erwachsene Person die eigenen Eltern um solche Kritik zu bitten, kann seelisch lähmende

Wirkung haben; denn die seelischen „Geburtsschmerzen" der Eltern beim Ablösungsprozeß der Kinder können bei diesen seelische Blockaden auslösen, wenn sie ausführlich mitgeteilt werden. Kinder dürfen den Eltern diese Geburtsschmerzen ohne großes Mitleid zumuten, sonst blockieren sie die eigene seelische Reifung wie auch die der Eltern. Vielleicht hilft ein Vergleich mit der körperlichen Geburt: Wüßte ein ungeborenes Kind im Mutterleib um die Schmerzen der Mutter während der Wehen und der Geburt, würde es vielleicht versuchen, aus Liebe zur Mutter die Geburt zu verhindern. Als Folge würden beide sterben.

Die Eltern achten und loslassen

(Botschaft an die Eltern, um innerlich frei und eigenständig zu werden)

Das Unbewußte eines Menschen kann mit Angst-Signalen reagieren, wenn der eigene seelische Raum zu eng ist, weil die Eltern oder ein Elternteil sich zu sehr in das Leben einmischen und man es nicht gewagt hat, ein eigenes Werte- und Lebenssinn-System zu entwickeln, das von den Eltern und ihren Werten unabhängig existiert. In solchen Fällen ist von den Eltern noch seelisch Abschied zu nehmen. Sinnvoll wäre dies für die erwachsenen Kinder z. B. beim Auszug aus der elterlichen Wohnung oder bei der Eheschließung; es ist aber auch später noch möglich. Dieses Abschiednehmen bekommt noch eine zusätzliche Dimension und braucht einen notwendigen Vollzug beim Tod der Eltern, kann aber auch Jahre nach deren Tod noch nachgeholt werden. Die folgende Gliederung stellt wichtige Punkte und Gedanken zusammen, die für ein solches Abschiednehmen von den Eltern wesentlich sind, um den eigenen seelischen Raum zu weiten für eine gesunde eigene Ich-Entwicklung.

Demselben Ziel dient das daran anschließende Therapeutische Glaubensbekenntnis.

Ich teile den Eltern mit,

1. **Was ich von ihnen bekommen habe und wofür ich dankbar bin:**
- körperlich (mein Körper, körperliche Fähigkeiten, ...)
- geistig (geistige Fähigkeiten, ...)
- seelisch (emotionale, charakterliche, musische, künstlerische Fähigkeiten, ..)
- materiell (finanziell, Geschenke, Unterstützung, handwerkliche Hilfe, Erbe, ...)

2. **Was ich unter Umständen als Belastung mitnehme:**
- Verletzungen? (Demütigungen, Abwertungen, Schläge, Spott, Ablehnung, Selbstmorddrohungen der Eltern, Zurücksetzung, Benachteiligungen, ...)
- Vernachlässigungen? (Alleingelassenwerden, Abwesenheit der Eltern, hatten andere Interessen, Teilnahmslosigkeit, in schwierigen Situationen im Stich gelassen, zu wenig Trost und Ermutigung, nicht wahrgenommen worden, ...)
- Über-Forderungen? (abwesenden Papa ersetzt, ein Elternteil getröstet und gestützt, Ehe der Eltern zusammengehalten, wegen mir haben sie geheiratet, nur wegen mir sind sie zusammengeblieben, Schuldzuweisung an das Kind, man hatte immer schon einen Job, eine Aufgabe für das Kind, es gab keine Zeit der Ich-Findung und der eigenen Weltentdeckung, ...)
- Selbst-Über-Forderungen? (als Kind das Leid der Eltern gespürt, wollte sie erlösen, sie glücklich machen, immer brav sein, immer ihren Willen erfüllen, sie nie traurig machen, sie nie verunsichern, auf eigene Trotzphasen verzichtet, immer auf Wohlergehen der Eltern geachtet, sich selbst übersehen, auf eigene Ich-Entwicklung verzichtet, ...)

- Mißbrauch? (schwer verletzte körperlich-sexuelle Integrität und Identität, ...)

3. **Wie ich derzeit ihnen gegenüber empfinde:**
- Was ich schon verzeihen kann;
- was ich noch nicht verzeihen kann;
- worunter ich noch leide, wo noch Angst in mir ist, ...

4. **Was ich gelernt habe – auch durch Leid und Belastungen:**
- Wie ich mich zu schützen weiß;
- wie ich gut mit mir umzugehen gelernt habe;
- wie ich die Beziehungen in meiner Familie und zu Freunden gestalte, worauf ich besonders achte – was ich zu vermeiden suche, was mir gut tut, was mir wertvoll ist – was mir nicht gut tut, wann ich NEIN sage.

5. **Ausdrücken, daß ich Mutter und Vater achte als Mittler Gottes (bzw. der Mutter Natur) für mein Dasein:**
- daß ich mein Leben von ihnen annehme;
- daß sie einen angemessenen, guten Platz in meinem Herzen und symbolisch (Bild) in meiner Wohnung bekommen;
- daß ich weiß, daß ich nicht das Recht habe, über ihr Leben zu urteilen;
- daß ich schon einiges aus ihrer Lebensgeschichte besser verstehe, aber ich muß (und kann) nicht alles verstehen, um sie zu achten;
- daß ich versuche, auch aus dem zu lernen, was im Leben der Eltern belastend und schlimm war;
- daß ich weiß, daß ich das Recht habe, ein eigener Mensch zu sein, ein eigenes Leben leben zu dürfen, eigene Entscheidungen treffen zu dürfen, auch eigene Fehler machen zu dürfen.

Therapeutisches Glaubensbekenntnis

- Ich glaube, daß ich nicht nur ein Kind meiner Eltern bin, sondern ein Kind Gottes und ein Kind der Mutter Erde.
- Und ich glaube, Gott sagt JA zu mir und zu dem Neuen, das mein Leben in diese Welt gebracht hat; er achtet mich in meiner Originalität und in meinem Anders-Sein.
- Bei ihm bin ich auch dann geachtet, wenn es meinen Eltern nicht gelingt, mich zu achten.
- Ich nehme mein Leben von den Eltern an und glaube, daß die eigentlichen Wurzeln meines Ichs in Gott sind und in der Mutter Natur.

- Ich stehe auf dem Boden der Mutter Erde, sie gibt mir Halt.
- Ich atme die Luft der Mutter Erde, sie gibt mir Kraft und weitet meine Seele.
- Ich nähre mich von den Früchten der Mutter Natur und weiß mich ihr in Dankbarkeit verbunden und gehe sorgsam mit ihr um.
- Ich freue mich an der Schönheit und der Lust der Mutter Natur und lasse an meiner Freude auch andere teilhaben.

- Ich weiß um den Schmerz der seelischen Geburt, um die Trauer, die das Loslassen von der Elternrolle auslösen kann.

- Ich weiß mich verantwortlich für meine Eltern, wenn sie in materielle Not geraten sollten.
- Ich weiß mich nicht verantwortlich für die seelische Not meiner Eltern, denn ich weiß, daß ich sie als ihr Kind nicht wirklich daraus erlösen kann.
- Sie sind seelisch selbst dafür verantwortlich, sie haben sich als Ehepartner gegenseitig zu helfen oder/und sich kompetente Hilfe von außen zu holen.

- Ich entlasse meine Eltern aus der sorgenden Elternrolle für mich als ihr Kind.
- Ich entlasse mich aus der Kinderrolle, denn ich bin erwachsen und stehe auf eigenen Beinen, habe eine eigene Familie (ein eigenes Leben) und schaue in die Zukunft meiner Familie (meines Lebens) hinein.

- Was ich an Liebe, an Zuwendung und ... erhalten habe, will ich weitergeben an meine Familie (an meinen Ehepartner und an meine Kinder) und an ...,
- denn der Strom des Lebens geht nicht nach rückwärts, sondern fließt weiter nach vorn in die Zukunft.

Ich achte meine Eltern als das Tor, durch das ich in diese Welt eintreten konnte.